KB160602

미중 갈등과 팬데믹 시대

새로운 한중관계를 찾아서

이 책은 2017년도 정부(교육부)의 재원으로 한국연구재단의 지원을 받아 수행된 연구입니다.
(NRF-2017S1A6A3A02079082)

원광대학교
한 중 관 계
브리핑 09

미중 갈등과 팬데믹 시대

새로운 한중관계를 찾아서

원광대학교 한중관계연구원 · 동북아시아인문사회연구소 엮음

일러두기

- 이 책은 2020년 1월부터 12월까지 인터넷 언론《프레시안》에 연재된〈원광대 한중관계브리핑〉칼럼
  중 일부를 수정 및 보완하여 엮은 것이다.
- 《프레시안》에 칼럼이 게재된 날짜는 각 장의 도입부 상단 좌측에 필자의 이름과 함께 표기하였다.

2020년, 전 세계는 미처 예상치 못한 '코로나19'와 그 후유증에 시달렸습니다. 첫 발견부터 1년 남짓한 기간이 지나 현재 약 1억 1,100만 명이 확진 받았으며 240여만 명이 사망했습니다. 그뿐만 아니라 감염 확산과 방역 문제로 인해 글로벌 경제 활동과 민간 교류도 침체되었습니다. 미증유의 이러한 팬데믹 사태는 우리의 삶을 코로나 이전과 이후로 나눌 정도로 인간의 역사에 크나큰 영향을 미쳤습니다. 1년여가 지난 현재 팬데믹 사태는 최악의 상태를 지나가고 있고, 지구촌의 일부 국가에서는 백신과 치료제를 개발하고 백신 접종을 시작하고 있습니다. 그러나 그동안 입은 상처와 부작용, 후유증까지 극복하려면 얼마나 큰 노력과 시간이 필요할지 짐작조차 어려운 실정입니다.

한국과 중국 양국은 1992년 수교를 한 이후, 2016년 사드배치 결정과 2018년 미중무역 갈등을 거치면서 서로에게 다소 소원해졌습니다. 2017년부터 회복과 재도약을 꿈꾸는 목소리도 높아졌지만, 생각과 기대만큼의 성과는 없었습니다. 이어 한국은 2018년 한반도 이슈, 2019년 한일무역 갈등과 2020년 코로나19 방역에 몰두하며 중국과 한중관계에 집중하기가 어려운 상황이었습니다. 그러나 포스트 코로나 시대의 준비가 필요한 지금은 공동의 문제에 대응하고 침체된 경제를 되살리는 방안을 모색해야 하기에 다시금 한중관계의 의미와 방향을 고민해야 한다고 생각합니다.

원광대학교는 갈수록 중요해지는 중국과 한중관계에 초점을 맞추어 일찍부터 '중국문제특성화'를 발전 방향으로 제시하며, 2012년 12월 한중관계연구원을 설립했습니다. 이어서 산하에 한중법률연구소, 한중정치외교연구소, 한중통상산업연구소, 한중역사문화연구소를 설립했고, 2017년 한국연구재단으로부터 "동북아 공동번영을 위한 동북아시아다이멘션(NEAD) 토대구축: 역사, 문화 그리고 도시"라는 아젠다로 HK+연구사업에 선정되어 새로이 동북아시아인문사회연구소를 설립했습니다. 현재도 연구원 소속의 많은 연구자들이 중국과 한중관계, 동북아시아 분야에서 다양한 노력을 기울이며 연구 활동을 하고 있습니다. 2013년 9월부터 매주 금요일 인터넷 언론 《프레시안》에 기고하는 '원광대 한중관계브리핑' 칼럼도 그러한 활동의 일환인데, 어느덧 햇수로 9년째가 되었습니다.

2014년 6월부터는 '원광대 한중관계브리핑' 칼럼들을 정리 및 편집하여 『원광대 한중관계브리핑』 시리즈로 출간해 왔습니다. 그리고 그동안의 관심과 호평에 힘입어 이제 2021년 3월 제9권을 출간하게 되었습니다. 제9권에는 2020년 1월부터 12월까지 게재한 총 51편 중 선별한 39편의 칼럼이 담겼는데, 2020년 한해를 아우르는 중국의 대표적인 현안과 한중관계 이슈를 다루었습니다. 이 책은 누구나 쉽게 이해할 수 있는 대중적 언어로 표현하고자 했으며, 독자들이 지금 이 순간의 중국과 한중관계를 한층 쉽게 접근하고 이해하실 수 있을 것이라 생각합니다.

《프레시안》에 고정적으로 칼럼을 연재할 공간을 마련해 주신 박인규 대표님과 매주 빠짐없이 칼럼이 더욱 빛날 수 있도록 도움을 주신 이재호 기자님에게 감사드립니다. 그리고 제9권 출간을 함께 준비하며 좋은 책을 만들기 위해 애써 주신 경인문화사 한정희 대표님과 편집부에도 깊이 감사드립니다. 아울러 바쁜 일정에도 불구하고 한 주도 빠짐없이 좋은 글을 써 주신 한중관계연구원의 모든 교수님들에게도 깊은 감사의 마음을 전합니다. 2021년은 지구촌에서 코로나 19가 극복되고, 한중 양국의 정치·경제·사회·문화 등 모든 영역에서 일상이 회복되며 한중관계가 한 발 더 앞으로 나아가는 해가 되길 기대해 봅니다. 감사합니다.

2021년 2월

김정현

원광대학교 한중관계연구원장

차 례

| 책을 펴내며 | 5 |

1부   중국 사회의 성장과 문제, 새로운 도약을 꿈꾸며

01 중국 특색의 사회 거버넌스와 노동의 배제 13

02 차이잉원, 역대 최고 성적표 받았지만… 20

03 만들어진 역사, 만주국 25

04 '코로나 영웅' 리원량의 죽음과 시진핑 체제의 위기 29

05 두 달 지나 열린 중국 양회, 핵심 읽어내기 34

06 코로나19 이후, '무인(無人)'의 시대 40

07 환경 문제, 동양의 세계관으로 해결할 수 있다? 47

08 '코로나19' 이후 중국 사회는 어떻게 변할까? 52

09 중국판 '그린 뉴딜'은 어디까지 와 있나 58

10 시진핑이 '먹방'을 금지하려는 이유는? 64

11 4차 산업혁명, 5G 시대의 공자 69

12 인류 최대 조사 사업, 중국 인구 조사하기 74

13 하버드 출신 박사가 동사무소에 취직한 이유는 80

14 포스트 코로나 시대, '보이지 않는 노동'의 죽음 86

15 코로나로 면세업계 바닥 쳤는데…중국 하이난은 '고공행진' 92

2부　　　　한중관계의 한계와 기회, 차이와 혐오를 넘어서

01 김구가 위기에서 벗어날 수 있었던 이유　　　　99

02 100년 전 간도에서 벌어진 학살의 '광풍'　　　　105

03 코리안 게이머는 왜 "타이완 넘버원"을 외치는가　　　　111

04 중국과 한국에서 '페미니즘 – 하기'　　　　117

05 원조 '한류'는 중국인들의 '영화 황제', 독립운동가 김염　　　　122

06 코로나19 위기, 한중 협력으로 해답 찾아야　　　　129

07 1930년대 중국을 보는 또 다른 키워드, 아편과 혁명　　　　134

08 전북 지역에 남아 있는 중국의 그림자　　　　139

09 중국에서 '찬란한 빛'으로 되살아난 전태일　　　　144

10 코로나19 시대, 한중 경제의 구원 투수는?　　　　150

11 한반도의 4년제 대학에 처음으로 부임한 중국인 교환 교수　　　　155

12 청산리 전투의 숨은 주역, 김훈　　　　161

3부　　　　미중 갈등의 지속과 변화, 글로벌 리더를 다투며

01 중국, 디지털화폐 패권국 꿈꾸나?　　　　169

02 전 세계가 중국에 감사해야 한다고?　　　　175

03 흔들리는 미·중·일·러 리더들, 남북 관계 주도권 가질 절호의 기회　　　　179

04 중국, 2050년 우주전쟁에서 미국 넘어선다?　　　　188

05 중국에서 떠오르는 '애국 소비', 중국에만 좋은 일?　　　　194

06 팬데믹, 불경기 시대에 글로벌 리더 있나　　　　200

07 화웨이 겨냥한 미국의 수출 통제, 美기업에 오히려 독　　　　205

08 왜 중국은 서방에서 인정받지 못하는가　　　　210

09 코로나 팬데믹, 중국 고립 시기 앞당겼다　　　　215

10 항저우의 에펠탑에서 동북아시아를 보다　　　　224

11 저물어 가는 영국과 중국의 '황금시대'　　　　228

12 바이든 시대, 중미 통상 갈등의 핵심은 '환경과 노동'　　　　234

1부

중국 사회의 성장과 문제,
새로운 도약을 꿈꾸며

01 중국 특색의 사회 거버넌스와 노동의 배제

02 차이잉원, 역대 최고 성적표 받았지만…

03 만들어진 역사, 만주국

04 '코로나 영웅' 리원량의 죽음과 시진핑 체제의 위기

05 두 달 지나 열린 중국 양회, 핵심 읽어내기

06 코로나19 이후, '무인(無人)'의 시대

07 환경 문제, 동양의 세계관으로 해결할 수 있다?

08 '코로나19' 이후 중국 사회는 어떻게 변할까?

09 중국판 '그린 뉴딜'은 어디까지 와 있나

10 시진핑이 '먹방'을 금지하려는 이유는?

11 4차 산업혁명, 5G 시대의 공자

12 인류 최대 조사 사업, 중국 인구 조사하기

13 하버드 출신 박사가 동사무소에 취직한 이유는

14 포스트 코로나 시대, '보이지 않는 노동'의 죽음

15 코로나로 면세업계 바닥 쳤는데…중국 하이난은 '고공행진'

중국 특색의 사회 거버넌스와 노동의 배제
중국 '거버넌스 체계' 개혁의 함의와 전망

정규식
2020. 1. 6.

중국 공산당 19기 4중전회, '거버넌스 체계' 개혁 강조

미국과의 무역 갈등이 깊어지고, 홍콩 시위가 심각해지는 요즘, 중국은 대내외적으로 위기를 맞고 있다. 이러한 상황에서 지난 2019년 10월 28일부터 나흘간, 중국 공산당 중앙위원회는 19기 4차 중앙위원회 전체회의를 개최했다. 주지하듯이 중국은 공산당이 통치하는 '당-국가 체제'의 국가이다. 그러므로 중국 내에서 중국 공산당 중앙위원회는 국가 정책을 실질적으로 심의하고 결정하는 최고 기구다.

특히 이번 회의는 〈중공중앙 중국 특색의 사회주의 제도 견지와 완비, 국가 거버넌스 체계와 거버넌스 능력 현대화 추진에 관한 약간의 중대한 문제에 관한 결정(中共中央关于坚持和完善中国特色社会主义制度、推进国家治理体系和治理能力现代化若干重大问题的决定)〉이라는 사안이 통과되었다는 점에서 주목할 만하다.

'시진핑 집권 2기'를 이끌고 있는 중국 공산당의 19기 정치국 상무위원 7명. 사진 위 왼쪽부터 시진핑 국가주석, 리커창 총리, 리잔수 중앙판공청 주임, 왕양 부총리. 아래 사진 왼쪽부터 왕후닝 중앙정책연구실 주임, 자오러지 당 중앙조직부장(중앙기율검사위원회 서기), 한정 상하이시 당서기. ⓒ중국 포털 사이트 바이두(百度, baidu)

물론 중국에서 거버넌스 체계의 개혁이 이번 회의를 통해 처음 제기된 것은 아니다. 이미 2000년대 이후부터 노동자의 집단행동 및 파업을 비롯한 사회 문제가 끊임없이 발생하면서 중국 정부와 학계에서는 '사회관리(社會管理, social management)' 방식에 대한 관심이 높아졌다. 그리고 2013년 이후, 사회관리의 방향을 '사회 거버넌스(社會治理, social governance)' 체계의 구축으로 전환하면서 민간 '사회 조직'의 참여를 중시하고 있다.

실제로 2010년 이후부터 민정부에 등록한 사회 조직은 급속히 증가하고 있으며(2010년 기준 약 44만 6,000개), 특히 2013년 중국 공산당 제18기 3차 중앙위원회 전체 회의에서 국가의 거버넌스 체계와 거버넌스 역량의 현대화가 향후 국정 운영의 총괄적인 목표 가운데 하나로 설정됐다.

그런데 이번 4중전회에서 유독 눈에 띄는 점은 '인민(人民)'의 주체적 지위와 광범위한 참여를 적극적으로 강조했다는 사실이다. 즉, '인민이 국가의 주인인 제도체계'를 견지함으로서 당과 국가기구의 개혁을 인민이 주도하고, 다원적인 소통과 참여를 바탕으로 '인민민주주의'를 더욱더 발전시킬 것을 강조하고 있다.

중국 특색의 사회 조직과 새로운 사회관리 기제

중국은 개혁개방 이후, 비약적인 경제 발전을 이루었다. 하지만 그 부산물로 빈부 격차의 확대, 환경 파괴, 노사 갈등, 군체성 사건과 같은 문제들이 폭발적으로 증가했다. 이에 중국 공산당 지도부는 갈수록 격해지는 사회 문제를 효율적으로 관리하고자, 최근에는 '다원적인 주체'와 '민주적인 참여'를 슬로건으로 내걸었다.

다시 말해, 정치적 동원과 행정적 관리에 단순하게 의존했던 전통적 모델에서 탈피해 정부 주도하에 다원적인 주체가 참여하는 국가 거버넌스 체계 수립의 필요성을 느낀 것이다. 이를 위해 중국에서는 최근 당 조직뿐만 아니라 각종 사회 조직과 인민 등이 사회 거버넌스의 주체로의 참여가 요구되고 있다.

그러나 단순히 '사회 거버넌스'를 강조한다고 해서 과거보다 민간 영역의 자율성이 높아지고, 사회 조직의 활동이 자유로워진 것은 아니다. 오히려 과거와 다른 방식의 통제와 관리방식이 등장하고 있음에 주목할 필요가 있다. 이를 극명하게 보여 주는 것이 바로 2016년 8월 21일에 공포된 〈사회 조직 관리제도의 개혁과 사회 조직의 건강하고 순차적인 발전의 촉진에 관한 의견〉이다.

이 문건을 자세히 살펴보면, 사회 조직에 대한 적극적 지원과 자율성 보장보다는 통제적 성격의 관리와 감독을 더 강조하고 있음을 알 수 있다. 즉, '책임자에 대한 관리 강화', '자금에 대한 감독 강화', '활동에 대한 관리 강화', '사회적 감독의 강화', '사회 조직 퇴출 기제의 완비' 등을 엄격하게 규정하고 있으며, 무엇보다 '사회 조직 내 당 조직 건설'을 사실상 의무화함으로써 사회 조직에 대한 당의 영도력 강화를 강조하고 있다.

또한 2017년 19차 당 대회 이후에는 '시진핑 신시대 중국 특색의 사회 조직의 길'이라는 표현이 등장하면서, 당정이 부과한 임무와 역할을 충실히 수행하는 사회 조직에 한해서만 행정적, 재정적 지원을 제공하는 방향이 보다 분명하게 제시되었다.

즉, '당과 정부의 집정능력 강화', '안정적인 체제 유지', '인민의 사회경제적 욕구 충족을 위한 사회 서비스 제공', '인민의 당정에 대한 불만 완화', '당정의 사회적 통치 비용 분담' 등의 역할과 기능을 충실히 수행하는 것이 '중국 특색의 사회 조직'이라고 강조되었다.

이에 따라 사회 조직에 대한 중국 당정의 통제와 관리가 더욱 강화될 것으로 전망된다. 이에 당정의 요구를 충실히 수행하는 사회 조직만이 체제 내부로 포섭되어 생존을 유지할 것이라는 우려가 나오고 있다. 또한 생존을 위해 포섭된 사회 조직도 정부에 대한 높은 의존성과 낮은 자율성이라는 근본적 한계가 있기에 다원적이고 민주적인 참여 공간은 오히려 축소될 가능성이 있다.

중국 정법대학 사회학원 교수인 잉싱(应星)은 중국 사회가 전체주의적 통제에서 '기술적 거버넌스'로 전환되고 있다고 지적한다. 그에 따르면, "중국에서 형성되고 있는 기술적 성격의 공공 거버넌스는 권력과 자본이 결탁하여 만들어 내는 경영적 성격"을 갖고 있다.

즉, 새로운 권력 기술과 규칙을 통해 감시와 통제를 강화하고 있다는 것이다. 실제로 현재 중국에서 이러한 방식의 사회 통제와 감시는 안면인식을 비롯한 디지털 기술의 발전에 따라 더욱 심화되고 있다.

선별적 사회 조직 활성화와 '사회 거버넌스' 체계의 부조화

한편, 중국 사회관리의 방향이 '사회 거버넌스' 체계로 전환되면서 노동의 영역에도 중요한 변화가 나타나고 있다. 2000년대 들어 더 이상 전통적인 관리 체제의 범주에 속하지 않는 소위 '사회로 확장된 노동 문제'가 드러나기 시작했는데, 이는 노동 문제의 사회적 관리가 점차 중요해지고 있기 때문이다.

이러한 현상이 출현한 배경은 크게 세 가지로 설명된다. 첫째, 산업경제의 주요 역군으로 부상한 농민공의 파업이 증가하면서 이들에 대한 적절한 '사회관리'의 중요성이 커졌다. 둘째, 노동자의 집단적인 저항이 공식적 노동 조직인 '공회(工会)' 체계를 통하지 않고 전개되는 경우가 증가하고 있다. 셋째, 당정 통제의 범주에서 벗어나 있는 '노동 NGO' 조직이 노동자들의 집단행동에 개입하는 사례가 증가하고 있다.

이러한 배경하에 중국 공산당 중앙위원회와 국무원은 2015년 3월 22일에 〈조화로운 노동관계 수립에 관한 의견〉을 발표하여 사회관리의 차원에서 노동문제를 포괄하는 종합적인 정책을 제시했다.

그러나 지방정부와 자본의 유착 관계로 결합되어 있는 '안정유지(維穩)' 체제하에서 이러한 시도는 큰 영향력을 발휘하지 못하고 있다. 지방정부는 외부로부터 기업과 자본을 유치하기 위해 필요한 안정적 투자환경을 조성하고자 기업 친화적인 입장을 보이며, 지방 공회도 이에 부응하여 기층 공회 및 노동자의 권리수호(維权) 행동을 제약하고 있기 때문이다.

물론 '사회 거버넌스' 체계로 전환하는 과정에서 나타나는 가장 중요한 변화 중의 하나는 '사회 조직'의 활성화와 규제 완화이다. 하지만 '노동 NGO' 조직은 예외로 취급되고 있다. 즉, 중국 정부는 다수의 사회 조직에 대해 포섭 전략을 취하면서도, 정치적으로 민감하거나 경제 발전에 위해가 될 우려가 있는 '노동 NGO'에 대해서는 안정유지를 명목으로 탄압과 배제의 전략을 적용하는 분할통치 방식을 시행하는 것이다.

이처럼 '안정이 모든 것을 압도한다'라는 안정유지 체제하에서 노동 관련 사회 조직은 항상 불안정을 야기하는 불순 단체로 간주된다. 앞서 말했듯이 중국 사회 거버넌스 체계 개혁은 당정의 안정적이고 효율적인 국가 운영 및 사회관리에 주로 역점을 두기 때문이다.

따라서 중국은 인민의 사회적 불만을 완화하기 위해 다양한 '사회 서비스(빈민·양로·고아·장애인 구제, 재난구조, 의료 보조, 교육 서비스 제공, 도농의 기층주민 대상 서비스 제공 등)'를 제공하는 사회 조직들을 선별적으로 육성하고 있으며, 정치적으로 민감하거나 비판적인 사회 조직에 대해서는 여전히 문턱을 높이고 있다. 그러나 이번 4중전회에서 강조한 것처럼 다원적인 소통과 참여를 바탕으로 '인민민주주의'를 고양하려면 보다 능동적이고 비판적인 사회 조직을 활성화하여, 진정한 '공민사회'를 건설하려는 노력이 수반되어야 할 것이다.

임진희
2020. 1. 17.

차이잉원, 역대 최고 성적표 받았지만…

'홍콩' 변수로 얻은 승리를 계속 유지하려면

민진당 차이잉원 재선에 성공하다

2020년 1월 11일, 타이완에서 차기 총통(국가원수 칭호)을 선출하는 선거가 치러졌다. 그 결과 현 총통이자 집권당인 민진당(民進黨) 후보 차이잉원(蔡英文)이 제1야당인 국민당(國民黨) 한궈위(韓國瑜) 후보를 큰 표 차로 제치고 재선에 성공하였다. 차이 후보는 총 817만 231표(57.13%)를 득표해 552만 2,119표(38.61%)를 득표한 한 후보를 약 265만 표 차로 누르고 제15대 타이완 총통에 당선되었다.

이번 대선은 총 1,931만 유권자 가운데 1,446만 명이 투표하여 74.9%의 높은 투표율을 기록하였다. 역대 최저 투표율을 기록한 지난 대선 66.27%보다 8% 포인트 이상 높아진 것이다. 나아가 차이 후보는 1996년 타이완 총통 직선제 시행 이후에 가장 많은 표를 얻으며 차기 총통으로 당선되었다. 이로써 차이 총통은 같이 치러진 입법위원(한국 국회의원에 해당) 선거에서 과반수를 확보한 민진당과 함께 향후 4년간 국정을 운영할 수 있게 되었다. 이러한 결과에는 과거 정치와 선거에 무관심하거나 소극

2020년 1월 11일 밤, 차이잉원 타이완 총통이 재선에 성공한 뒤 타이베이 민진당 당사 앞에서 지지자들에게 감사 인사를 하고 있다. ⓒ연합뉴스

적이었던 20~30대 젊은 층의 적극적 지지와 참여가 결정적인 영향을 미쳤다는 평가다. 차이잉원 후보와 민진당은 타이완 본토 배경에 독립 성향의 정당이다. 반면에 라이벌 한궈위 후보와 그 소속인 제1야당 국민당은 친중(親中) 성향에 통일 지향의 정당이다. 차이잉원 후보의 당선과 민진당 입법의원 과반수 달성은 그에 대한 타이완 유권자, 특히 젊은 층의 강력한 지지와 뜨거운 열망을 의미한다.

지지도 낮았던 차이잉원, 재선의 배경은

사실 차이잉원 총통의 지지도가 계속 높았던 것은 아니다. 양안관계

경색과 국내 경기 침체로 지지율이 심각하게 하락하여 재선이 불투명하였다. 실제로 2018년 5월의 여론 조사에서 그의 지지율은 35.9%로 45.2%를 기록한 라이벌 한궈위 후보에 10% 포인트 가까이 뒤졌으며, 11월 치러진 지방선거에서는 소속인 민진당이 참패하였다. 대외관계 분야를 살펴보면, 현재 타이완의 수교국은 15개국에 불과하다. 2016년 차이 총통 취임 이후 7개국이 단교하며 유권자의 불안을 부추겼다.

이러한 상황에서 반전이 일어났다. 2019년 6월 '범죄인 인도법' 개정에 반대하며 시작된 홍콩 반중 시위 때문이다. 타이완 민중은 홍콩이 '일국양제(一國兩制)'로 약속받은 50년의 절반도 채 지나지 않아 정치적 혼란을 겪는 것에 위협을 느꼈다고 전해진다.

이런 와중에 차이 후보는 '민주주의와 전체주의가 동시에 한 국가에 존재할 수 없다는 것을 여실히 보여주었다'고 밝히며, '주권과 단기적인 경제 이익을 교환할 수 없다'는 그의 주장을 다시 한 번 드러내 민심을 얻었다.

이번 대선은 젊은 세대의 관심과 참여가 큰 영향을 미쳤다. 그들은 중국과의 정서적 연대감이 없었고 어려서부터 타이완을 독립국가로 느끼며 자라왔다. 그런데 홍콩 시위를 보고 그동안 당연하게 생각하며 누려왔던 것들을 잃을 수도 있다고 느꼈던 것이다. 그러한 와중에 미중 갈등과 함께 홍콩 시위로 위기를 느낀 중국이 산둥함 건조와 관광 제한 등으로 위협하고, 무력 사용 가능성과 타이완 일국양제 등으로 자극하며 기름을 부었던 것이다.

차이잉원 재선을 지켜보는 각계는

차이 총통은 당선 확정 이후 "이번 선거는 중요한 의의를 지닌다. 타이완의 주권과 민주주의가 위협을 받을 때 타이완인이 더 크게 결의를 외치리라는 것을 세계에 보여줬다"며 중국의 압력에 계속 단호히 대처하겠다고 밝혔다. 라이벌이던 국민당 한 후보는 차이잉원 총통에게 축하 전화를 했다며 이번 선거 결과에 승복한다고 밝혔다. 그리고 차이 총통은 다시 민진당 주석으로 복귀할 전망이며 국민당 지도부는 총사퇴 의사를 밝혔다고 전해진다.

미국은 중국과 무역 갈등에 있는 민감한 시기, 차이에 대한 축하와 타이완 지지 의사를 공히 밝혔다. 미국 국무부는 11일 "차이 지도력 아래 타이완이 민주주의, 경제 번영, 더 나은 길을 위해 노력하는 국가들에 계속 모범이 되길 바란다"고 말하였다.

일본도 환영의 의사를 밝혔다. 11일 일본 외무상은 "원활한 민주선거 실시와 차이잉원 총통의 재선을 축하한다"고 말하며, 향후에 비정부 간 실무관계 위에서 양국 교류가 더욱 심화되도록 노력할 것이라고 덧붙였다.

반면에 중국은 차이잉원 당선 직후 타이완과 세계에 강력한 메시지를 보냈다. 하나의 중국 원칙에 변화는 없다는 것이다. 일부 국가의 축하 메시지에 불만도 표하였다. 12일 외교부 대변인 겅솽(耿爽)은 "타이완 문제는 중국의 내정(內政)"이라 밝히고, 미국과 일본 등의 당선 축하는 하나의 중국 원칙을 위반한 것이라고 덧붙였다. 13일 외교부 수장인 왕이(王毅)도 언론 인터뷰 중 "차이의 재선은 지방선거 승리에 불과하다"라면서 양안(兩岸) 통일은 역사적 필연이라고 주장하였다.

재선에 성공한 차이잉원, 그러나 가야 할 길이 멀다

상술한 것처럼 이번 대선 투표율은 2016년에 비해 8% 포인트 가량이 올랐고, 차이잉원은 역대 최다 득표로 라이벌을 20% 포인트 가까이 제치며 재선에 성공하였다. 뿐만이 아니다. 차이잉원이 소속된 민진당은 함께 치러진 입법위원 선거에서 과반 유지에 성공하였다. 총 113개 의석 중에 여당 민진당이 과반인 61석, 제1야당 국민당은 38석, 민중당은 5석, 시대역량은 3석, 기타 정당은 6석을 확보하였다. 이로써 차기 정부의 안정적 국정 운영에 기반이 마련된 것이다.

그러나 민진당과 차이잉원 총통이 이번 승리에 마냥 기뻐하기는 어렵다. 민진당의 정당 득표율이 38%에 불과해 지난 2016년 때의 53%와 비교 대폭 줄어든 것이다. 차이잉원 지지나 대선의 승리가 소속당인 민진당 지지는 아니라는 의미이다. 홍콩이라는 돌발 변수 영향이다. 타이완 유권자는 '주권 vs 경제' 이슈의 대결에서 주권을 선택했을 뿐이다. 실제로 양안 관계 불안과 국내 경기 침체는 여전하다. 또한 중국의 압박으로 향후 전망도 그다지 밝아 보이지 않는다.

중국은 오래전부터 미국과 무역 갈등을 겪고 있으며, 2019년 6월부터 시작된 홍콩의 반중 시위도 여전히 진행 중이다. 그러한 와중에 자국 정부와 갈등을 빚는 민진당 차이잉원 정부가 재선에 성공하자 강경한 대응으로 맞섰다. 이후에도 다양한 수단으로 압박할 계획이다. 이처럼 중국의 압박이 더해질 경우 글로벌 경기 침체나 외교 고립과 같은 문제가 겹친 민진당 차이 정부가 향후 어떻게 국정을 운영하며 유권자를 만족시킬지 더 큰 난제가 남아 있다.

만들어진 역사, 만주국
만주국 수도 건설과 창조된 이념

카키색의 거리 신징(新京)

1924년, 14세에 만주에 갔고 15년간 만철(滿鐵, 남만주철도주식회사) 총국(總局)에서 근무했으며 1938년에 다롄(大連)에서 만철 신징(新京) 지사로 전임하였던 시마다 코지(島田幸二)는 새로운 도시 신징에 대해 다음과 같은 스케치를 남겼다.

왕도주의자의 거리라고 한다.
카키색의 거리라고 한다.
너무나 눈부셔 눈을 뜰 수조차 없는, 현란하게 빛나는 인상, 사람들의
웅성거림과 이야기 소리가 끊임없이 요동치는 와중을, 멍하니 그러나
나는 왔다 갔다 했다. 그리고 이 도시에 온지 벌써 80일이 지났다.

1932년 3월 1일, 일본은 중국의 만주 지역에 괴뢰국가 만주국을 설립하였고 '오족협화', '왕도낙토'를 슬로건으로 내걸었다. '왕도주의'는 만주국의 중요한 통치 이념이었고 '왕도주의자의 거리'란 바로 만주국의 이념

에 동조하는 사람들을 말한다.

또한 신징은 '카키색의 거리'이기도 했다. '카키색'은 당시 만주국의 제복이었던 '협화복'의 색상이다. '협화복'은 일본과 만주가 한마음 한뜻임을 강조하는 '일만일덕일심(日滿一德一心)'을 상징하고자 특별히 제작된 국민복이다. 고관이든 평사원이든 똑같이 '협화복'을 착용했고 노란색의 견장을 통해 직위의 고저를 나타냈다. 다리에는 모든 사람이 각반을 찼는데 각반은 전시 태세에 만반의 준비가 되어 있음을 나타내는 표징이었다. '협화복'을 입은 사람들로 흘러넘치는 거리를 저자는 '카키색의 거리'라고 하고 있다.

'왕도주의자의 거리', '카키색의 거리'에서 시마다 코지는 "눈부셔서 눈을 뜰 수조차 없"었다. 그리고 그 눈부심은 사람들의 '현란하게 빛나는 인상'에서 만들어지는 것이었다. 약동하는 신생 국가의 넘쳐나는 생기 앞에서 저자는 아뜩함과 함께 현기증을 느끼고 있었다.

수도의 부지 선정과 도시 건설

신징의 원래 이름은 창춘(長春)이다. 1932년에 신징으로 개칭되고 같은 해 3월 10일, 만주국의 수도로 확정되었다. 당시 만주국에는 신징 외에도 여러 대도시가 존재했다. 펑톈(奉天, 현재의 선양瀋陽)은 당시 만주국 제일의 번화한 도시였고, 하얼빈(哈爾濱)은 동청철도부속지로부터 일약 국제도시로 성장한 신흥도시였으며, 지린(吉林)은 지린성(吉林省)의 성도로서 오랫동안 정치·경제의 중심지 역할을 해 왔다. 그런데도 최종 선정된 도시는 신징이었다.

신징은 남만주철도의 종착지이자 북만주 동청철도의 기점으로서 남으로는 다롄, 북으로는 하얼빈을 이을 뿐만 아니라 조선으로 출발하는 철도의 기점이기도 했다. 지리적으로 상당히 중요한 위치를 점하고 있었지만 토지 가격은 또 상대적으로 저렴한 편이었다. 이는 당시 제국의 수도 건설에서 가장 큰 비중을 차지하는 토지매입 대금에 직접적인 영향을 미쳤다.

수도 건설 계획은 네 번의 수정 및 조율 과정을 거쳤고 만주국도건설국(滿洲國都建設局)의 주도하에 1932년 11월부터 본격적으로 시작되었다. 신징은 도로와 광장, 상하수도, 통신과 전기, 공원 등 기초시설부터 건설에 착수하였다. 대동광장(大同廣場)을 중심으로 하여 방사선형으로 뻗어나간 도로들이 신징 도시의 한 장관을 이루었고 새롭게 건설된 관공 청사들은 전체 도시 면적의 50% 이상을 차지하였다.

만들어지는 이데올로기

만주국에서 관동주(關東州) 다롄은 일본인의 이주가 자연스럽게 이루어진 도시이다. 러일전쟁에서 승리한 일본이 남만주의 철도 부설권을 획득하면서 남만주철도주식회사(南滿洲鐵道株式會社)를 설립하여 다롄에 진출하였고, 이와 함께 일본인의 이주가 자연스럽게 이루어지기 시작하였다. 만주국이 건국되던 해인 1932년의 9월에 이르면 다롄의 일본인 인구는 10만 8,000명에 달하지만 같은 시기 신징의 일본인은 1만 4,000명에 불과했다.

오래된 다롄에 비해 신징은 신생 도시였고 새롭게 부상하는 중심지였다. 신징의 중심지라고 할 수 있는 대동대가(大同大街)에는 만주중앙은행(滿洲中央銀行)을 위시하여 만주전신전화주식회사(滿洲電信電話株式會社), 만주영화협회(滿洲映畫協會), 만주건설국(滿洲建設局), 만주수도경찰청(滿洲首都警察廳) 등이 밀집해 있었고 만주국 최고의 대학인 만주건국대학(滿洲建國大學)도 설립되었다.

새로운 수도로서의 신징이 정치·경제 중심지로 거듭나는 것은 당연한 수순이었지만, 신징은 이에 그치지 않고 문화중심지로도 부상하고 있었다. 다롄의 많은 문화단체가 강제·반강제적으로 신징으로 옮겨졌고, 그렇게 옮겨진 단체들은 「문예지도요강」의 반포와 함께 집중적인 관리대상이 되었다. 대표적인 것이 문학단체인 만주문화회(滿洲文話會)이다. 1937년 다롄에서 결성한 만주문화회는 신징에 지부가 있었지만 본부가 신징으로 이전함과 동시에 지부는 자연스럽게 사라진다. 기타의 많은 단체도 마찬가지였다.

신징이 정치·경제·문화의 중심지로 거듭나면서 만주는 다양성에서 벗어나 하나의 중심과 여러 개의 주변으로 구획되기 시작하였다. '카키색'으로 넘쳐나는 '왕도주의자의 거리' 신징은 바로 이렇게 만들어졌다. 그곳은 만주국의 국시, 만주국의 이념, 만주국의 이상과 희망을 집대성한 공포의 공간이었다. 더는 다롄 시절의 자유와 여가는 허락되지 않았고 문학 역시 이념을 위해 봉사해야 하는 하나의 도구로 전락해야 했다.

거리에 흘러넘치는 '카키색'과 활보하는 '왕도주의자'들을 바라보면서 저자가 느꼈던 현기증은 급속도로 행해지는 집권 속에서 맹목적으로 단일화 되어가는 이데올로기에 대한 공포감에서 기원하는 것은 아니었을까?

'코로나 영웅' 리원량의 죽음과
시진핑 체제의 위기
'코로나19' 창궐과 중국 정치 체제의 위기

희망찬 기운으로 가득해야 할 2020년 새해가 '코로나19'라는 신종 바이러스의 창궐로 인해 전 지구적인 불안과 공포에 휩싸였다. 특히 바이러스의 발원지로 지목된 중국은 후베이성(湖北省)을 비롯한 주요 도시가 전면 봉쇄되거나 통제되면서 큰 혼란을 겪었다.

장차오량 중국 후베이성 공산당 서기(오른쪽)와 마궈창 후베이성 우한시 당서기(왼쪽)가 2020년 2월 10일 우한에서 열린 한 회의에 참석하였다. 우한에서 발원한 신종 코로나바이러스 감염증(코로나19)에 대한 당국의 부실 대처 등으로 민심이 들끓는 가운데, 13일 중국 지도부는 두 사람을 동시에 경질했다고 외신이 전했다. ⓒ베이징AP=연합뉴스

무엇보다 이번 사태는 초기 대응 미숙과 열악한 의료 체계, 그리고 불투명한 정보 공개와 지도부의 책임 회피로 악화되었다는 점이 드러나면서 단순한 보건 차원의 위기가 아니라, '시진핑 통치 체제'의 위기로까지 확산되기도 했다.

'보건의료 위기'에서 '시진핑 체제 위기'로의 전환

'시진핑 체제'의 정치적 위기가 가속화된 것은 2019년 12월 말부터 이번 바이러스의 확산을 경고했던 리원량(李文亮, 34세)이라는 젊은 의사가 2020년 2월 6일 감염으로 끝내 사망한 사실이 알려지면서부터이다.

리원량의 최초 경고를 무시한 공안 당국은 괴담을 유포하여 사회 불안을 야기했다는 이유로 그를 체포하고, 결국 강압적으로 '입을 다물게' 했다. 그런데 아이러니하게도 이 사건을 계기로 중국 정부의 위기 대처 능력에 의문을 품은 인민들의 '입이 열리기' 시작했다.

더욱이 2020년 3월 개최 예정인 전국 양회(兩會, 전국인민대표대회〈全國人民代表大會〉, 중국인민정치협상회의〈中國人民政治協商會議〉)를 앞두고 당국이 사태를 의도적으로 축소, 은폐, 경시했을 가능성이 제기되면서 시진핑 체제의 '통치 정당성'에 대한 비판으로까지 확산할 조짐을 보이고 있다.

이는 그동안 '안정이 모든 것을 압도한다(穩定壓倒一切)'라는 정책 기조에 따라 전체 사회를 통제하고 규율하고자 했던 중국 정치시스템 자체가 흔들리기 시작했다는 점에서 더욱 큰 정치사회적 의미를 지닌다.

중국 후베이성 우한에서 신종 코로나바이러스가 퍼지고 있다는 사실을 처음으로 알렸다가 '괴담 유포자'로 몰려 당국의 처벌까지 받았던 우한중심병원 의사 리원량이 환자를 치료하다 자신도 감염돼 34세의 나이로 사망했다. 우한중심병원 주변에 마련된 임시 추모소에 그의 사진과 꽃다발들이 놓여 있다. ⓒ우한 EPA=연합뉴스

바이러스보다 더 급속도로 번지는 언론자유 요구의 물결

지난 2017년 19차 당 대회를 전후로 중국 정부는 시진핑 주석이나 공산당에 대한 비판을 억제하기 위해 사상 및 언론 통제를 강화하고 있다. 특히 2017년 6월 1일부터 시행된 '중국 사이버 보안법'을 통해 중국 정부는 국가 안보와 사회 질서 유지를 명분으로 인터넷 검열 및 통제를 더 엄격하게 집행하고 있다.

그러나 이미 중국은 인터넷 사용자 수가 세계 1위를 차지할 정도로 인터넷이 보편적으로 사용되고 있으며(2017년 기준 약 7억 5,000만 명), 모바일 네티즌도 인구의 절반(2017년 기준 약 7억 3,000만 명)을 넘은 지 오래다. 더는

예전과 같은 방식의 통제와 규율이 가능하지 않다는 것이다.

이러한 상황에서 '우한(武漢)의 영웅'이자 '저항의 얼굴'로 상징되는 리원량의 죽음은 정부 당국에 대한 불신과 불만으로 증폭되어 저항의 물결로 번져 나갔다. 실제로 위챗(중국판 카카오톡)을 비롯한 사회관계망서비스(SNS)에 언론의 자유를 요구하는 중국 인민의 글과 사진들이 계속 올라오고 있으며, 중국 전역의 교수들도 이에 동참하는 성명을 연이어 발표하고 있다.

이미 너무 늦어버렸지만, 결국 바이러스는 방역과 치료를 통해 퇴치될 것이다. 그러나 불신과 공포가 만연하는 중국 사회와 인민의 마음이 치유되기까지는 더 오랜 시간과 노력이 필요할 것이다.

불신과 공포를 넘어 인민이 주체가 되는 '공민사회'의 길로

물론 이번 사태로 중국의 정치 체제가 붕괴한다거나 시진핑 정부가 실각하는 일이 발생하지는 않을 것이다. 그러나 당국이 강조하는 안정과 질서가 과연 누구를 위한 것인지, 당 지도부와 권력 엘리트의 통치적 정당성은 어디로부터 오는 것인지를 묻기 시작한 '인민들의 입'은 결코 쉽게 닫히지 않을 것이다.

그렇기에 중국 정치 체제와 시진핑 정부는 기로에 놓여 있다. 그 선택이 무엇이 될지는 아직 미지수이지만, 지난 2019년 10월에 개최된 중국 공산당 19기 4차 중앙위원회 전체 회의에서 강조한 것처럼 "인민이 국가의 주인인 제도체계를 견지함으로써, 당과 국가기구의 개혁을 인민이 주도하고 다원적인 소통과 참여를 바탕으로 '인민민주주의'를 더욱 발전"시키는 길이기를 진심으로 염원한다.

그리고 이러한 선언이 수사로 그치지 않으려면 위로부터의 통제와 규율이 아닌, 민주적이고 비판적인 아래로부터의 '공민사회'가 열려야 할 것이다. 마지막으로 '세상의 모든 이를 위해 입을 연' 리원량과 이번 사태로 안타깝게 생명을 잃은 모든 이의 명복을 기원한다.

두 달 지나 열린 중국 양회, 핵심 읽어내기
시진핑, '전면적인 샤오캉사회 건설' 할 수 있을까

통상 매년 3월이면 개최되던 중국의 최대 정치 행사인 전국 양회가 신종 코로나바이러스 감염증(코로나19)으로 인해 연기되어, 2020년 5월 21일 개막했고 27일 폐막한다. 양회는 중국 정부의 국정자문기관 격인 전국인민정치협상회의(정협)와 우리나라 국회 격인 전국인민대표대회(전인대)를 통칭하는 말이다. 중요한 법률 및 중대한 사항들이 결정되는 등 중국 정부의 한 해 운영 방침을 정하는 자리이기 때문에 중국 안팎의 주목을 받고 있다. 더욱이 2020년 올해는 전면적인 샤오캉(小康)사회 건설 완성을 위한 마지막 해, 빈곤 탈피 목표 달성을 위한 마지막 해, 제13차 5개년 규획의 마지막 해, 향후 5년간 중국 경제의 청사진을 제공할 제14차 5개년 규획을 논의하는 해이다. 중국이 중대한 목표 임무를 완수하기 위한 마지막 해이자 향후 중국 경제의 방향을 논의하는 해인 만큼 전국 양회에 모두 주목하였을 터인데, 코로나19라는 악재까지 더해져 더욱 이목이 집중되고 있다.

100년의 목표, 전면적인 샤오캉사회 실현

중국에는 덩샤오핑(邓小平) 최고지도자가 제시한 장기 목표 '2개 100년'이 있다. 하나는 공산당 창당 100주년이 되는 2020년까지 전면적인 샤오캉사회를 실현하는 것, 즉 의식주 걱정이 없는 중진국을 만드는 목표다. 그리고 다른 하나는 신중국 건국 이후 100년이 되는 2049년까지 모두 잘사는 선진국인 다퉁(大同)사회를 건설하는 것이다. 샤오캉사회가 실현되어야 다퉁사회 건설이라는 목표로 넘어갈 수 있다. 올해는 바로 '2개 100년' 중 전면적인 샤오캉사회 실현이라는 최종 목표 달성을 위한 마지막 해이다. 만약 샤오캉사회를 실현하게 된다면 빈곤 탈피는 물론 전면적인 샤오캉사회 실현에 핵심을 둔 제13차 5개년 규획 모두 긍정적인 평가를 받을 것이다.

샤오캉사회는 덩샤오핑 최고지도자가 제시했고 장쩌민(江泽民) 전 국가주석이 그 개념을 계승, '전면적인 샤오캉사회 건설(全面建设小康社会)'로 발전시켜 2020년까지 △1인당 GDP 3,000달러 초과 △도시주민 1인당 가처분 소득 1만 8,000위안 △농촌주민 가구 1인당 순소득 8,000위안 △엥겔지수 40% 미만 △도시 1인당 주택건축면적 30m² △도시화율 50% △주민 가구당 컴퓨터 보급률 20% △대학입학률 20% △인구 1,000명당 의사수 2.8명 △도시주민 최저생활보장률 95% 이상 달성이라는 10대 기본지표를 발표했다. 2018년 수치에 근거하여 10대 기본지표를 살펴보면, △1인당 GDP 약 9,770달러 △도시주민 1인당 가처분 소득 3만 9,251위안 △농촌주민 1인당 가처분 소득 1만 4,617위안 △중국 엥겔지수 28.5% △도시 1인당 주택건축면적 39m² △도시화율 59.58% △주민 가구당 컴퓨터

21일 중국 베이징 인민대회당에서 열린 전국인민정치협상회의(정협) 개막식에 시진핑(가운데) 국가주석을 비롯한 중국 공산당 지도부가 자리하고 있다. ⓒ신화통신=연합뉴스

보급률 하락 △대학입학률 48.1% △인구 1,000명당 의사 2.59명 △도시주민 최저생활보장제도라는 기본적 완성으로 스마트폰으로 대체된 컴퓨터의 보급률이 하락한 것과 인구 1,000명당 의사 수를 제외하고 모두 목표치를 훨씬 능가했다. 이렇듯 장쩌민 전 국가주석이 제시한 목표는 이미 일찍이 달성했다고 할 수 있다.

그러나 후진타오(胡錦濤) 정부에 들어서는 GDP 성장 등의 단순한 경제적 수치만으로 전면적인 샤오캉사회를 설명할 수 없다는 판단하에 경제, 정치, 문화, 사회, 생태문명 등 각 영역을 아우를 수 있는 지표가 나왔다. 즉, △경제발전 △조화로운 사회 △생활수준 △민주법제 △문화교육

△자연환경 등 6개 분야의 23개 지표를 개발하여 목표를 보다 구체화했다. 시진핑(習近平) 정부 들어서는 전면적인 샤오캉사회 건설 목표에 근거하여 '샤오캉사회 건설 완성(全面建成小康社会)'으로 표현이 달라졌다. 이때는 △경제발전 방식 성공적으로 전환(양적 성장에서 질적 성장) △2020년까지 GDP와 1인당 GDP 2010년 대비 2배 제고 △경제성장에 대한 과학기술 공헌율 대폭 제고시켜 혁신형 국가로 전환 △현대 산업발전을 위한 새로운 시스템을 구축하여 공업화, 정보화, 도시화, 농업현대화 등을 동시에 발전 △지역발전 전략을 지속적으로 실시하여 지역 간 균형 발전 실현 △국제 경쟁력 강화 등 6가지 목표를 제시했다.

중국은 제13차 5개년 규획을 실시한 이래 중고속 성장을 유지하였다. 2016년부터 2018년까지 경제성장률은 6.6%에서 6.8%를 유지하다 2019년 세계적인 경제 침체의 영향으로 중국 역시 6.1%로 소폭 하락했다. 2020년 시진핑 정부가 제시한 '2020년까지 GDP와 1인당 GDP 2010년 대비 2배 제고'라는 목표를 달성하려면 2020년 경제성장률은 최소 5.5%를 달성해야만 한다. '전면적인 샤오캉사회 건설 완성'을 목전에 두고 코로나19라는 악재를 만나 그 달성이 다소 어려워 보인다.

2020년 GDP 성장률 달성보다 내부 안정화에 중점

올해 코로나19 사태로 인해 중국 1분기 GDP성장률은 -6.8%를 기록하였다. 유례없는 마이너스 성장률로 앞서 제시했던 최소 5.5%의 성장률을 달성하기까지는 남은 3분기 동안 평균 9.9%의 경제성장률을 달성해야 한다. 이는 지금의 상황으로서는 거의 불가능하다고 볼 수 있다. 따라서 이번에 개최될 전국 양회에서 중국 정부가 GDP성장률 목표치를 발표할 것인지가 세간의 관심사였다. 하지만 전인대 업무공작보고 시 리커창(李克強) 총리는 "코로나19 발병 전 목표치에 대한 적당한 조정을 실시하고 올해 취업 안정, 민생 보장, 빈곤탈피 완성, 전면적인 샤오캉사회 건설 완성이라는 목표를 우선적으로 달성하고자 하였으나 전 세계 코로나19 여파와 그로 인한 경제무역 상황의 불확실성이 매우 크고, 중국 발전이 예측하기 어려운 요인들에 직면해 있어 경제성장 목표치의 구체적인 목표를 제시하지 않는다"라며 "경제성장률 달성보다 육원(六稳)을 달성하기 위해 올해는 육보(六保)에 집중하겠다"라고 밝혔다.

　미국과의 무역 전쟁이 가속하면서 중국 당국은 2018년 8월 '육원(六稳)', 즉 △취업 안정 △금융 안정 △대외무역 안정 △외자 유치 안정 △투자 안정 △예측 프로세스 안정화 등 6대 안정이라는 경기부양 방향을 제시한 바 있다. 그리고 최악의 1분기 경제성적표를 받아든 중국 당국이 지난 4월 17일 중앙정치국 회의를 통해 본격적인 경기부양 방향으로 육보(六保), 즉 △주민취업 보장(保居民就业) △기본민생 보장(保基本民生) △시장주체(기업) 보장(保市场主体) △식량·에너지 안전 보장(保粮食能源安全) △산업체인·공급체인 안정 보장(保产业链供应链稳定) △기초행정조직 효율적인 업무 보장(保基层运转任务) 6대 보장 계획을 제시했다. '육원을 달성하기 위해 올해는 육보에 집중'하겠다는 것은 코로나19 사태로 인해 내부적으로 발생한 문제들이 우선적으로 안정화되어야 육원 역시 안정적으로 실행될 수 있다는 것이다. 결국 '취업 안정, 민생 보장, 빈곤 탈피 완성, 전면적인 샤오캉사회 건설 완성'을 위해 육보는 반드시 성공적으로 달성해야 하는 올해의 목표이기에 중국 정부의 적극적인 경기부양 정책은 온전히 육보에 집중될 것으로 보인다.

경기 회복을 통한 경제 성장이 무엇보다 중요하겠지만, 코로나19가 아직 종식되지 않은 시점에서, 전 세계가 어려운 상황에 직면해 있는 만큼 내부적 안정화가 그 어느 때 다 절실하다. 지금은 정부의 적극적인 경기부양 정책을 통해서라도 우선적으로 국민이 안정적인 삶을 영위할 수 있도록 각 정부가 최선을 다해야 할 때이다.

이가영
2020. 5. 29.

코로나19 이후, '무인(無人)'의 시대
'인간' 없는 인간사회의 빛과 그림자

2020년 초, 춘절을 기점으로 중국 전 지역에 코로나19가 본격적으로 확산되면서, 중국 내 모든 학교의 개학이 연기되거나 온라인으로 수업이 진행되었다. 근무의 형태 역시 재택근무로 전환됐으며, 도시 간 이동 제한 조치가 시행됐다. 그리고 코로나의 발생지인 우한을 비롯한 후베이성 전체가 완전히 봉쇄되었다.

중국 당국의 이런 조치로 인해 지속적으로 침체 상태에 머물던 중국의 경제 상황은 중국 내 코로나19가 진정세에 접어들면서 점차 회복되리라 전망되고 있다. 하지만 일각에서는 코로나 기간 중국인들이 이전과는 다른 다양한 소비 방식을 취하며 경제 순환의 틀을 마련한 만큼, 코로나19의 진정이 경제 회복에 큰 영향을 미치지 못할 것이라는 관측 역시 조심스럽게 나오고 있다.

2000년대에 들어서면서 AI(인공지능) 기술과 IoT(사물인터넷) 기술의 급속한 진화는 코로나로 인한 인간의 이동 제한 및 거리두기를 통한 '비대면'의 확대와 맞물려 다양한 형태의 소비 형태를 발전시켰다. 그중 대표적인 것이 바로 '무인 시스템'의 구축과 확산이다.

알리바바 앤트 파이낸셜의 중국 온라인 결제 서비스 알리페이를 사용하여 결제를 하고 있다. ⓒ연합뉴스

인공지능과 사물인터넷을 기반으로 한 '무인(無人, Unmanned)' 시스템
은 어느덧 현대인의 삶 곳곳에 침투했다. 무인 기술은 인간의 노동력을 최
소화하고 자동화 시스템을 구축하여 비용을 줄이고 새로운 서비스를 제
공하는 혁신의 시대를 개척하였다.

특히 중국의 유통혁명은 전 세계 어느 국가보다도 빠르고 광범위하게
진행되고 있다. 중국 내에서는 스마트폰의 보급과 더불어, 알리페이나 위
챗페이와 같은 간편결제 수단이 오프라인에서도 광범위하게 사용되고 있
다. 특히 QR코드를 통한 결제 방식은 중국 전역에서 카드 결제와 같이 매
우 자연스럽게 이용되고 있다.

중국에서 무인시스템은 비단 결제수단에만 적용된 것이 아니다. 이미
중국 전역에서 무인시스템을 접목한 오프라인 매장이 속속 선보이고 있
다. 가장 대표적인 것이 바로 무인 편의점과 무인 할인점이라 할 수 있다.

©중국의 유통업체 허마센셩 누리집

　　인공지능 기술을 바탕으로 바이오 인식 기술, 상품 이미지 인식 스캐너, 자동 발주 시스템 등을 활용한 중국 상하이의 세계 최초 무인 편의점 '빙고박스'는 미래 유통업계를 이끌어 갈 기업으로 주목받고 있으며, 마윈이 설립한 '타오카페'는 이미지 음성인식, 셀프 감지 센서, 위치 추적 등 IoT 기술을 기반으로 본격적인 무인 매장의 시대를 개척하였다고 평가받는다.

　　그뿐만 아니다. 중국에서는 무인 시스템을 활용한 O2O 매장이 '신(新) 유통 플랫폼'으로 각광받고 있다. O2O란 온라인(online)과 오프라인(offline)이 결합한 형태의 마케팅 및 서비스를 일컫는 것으로, 온라인 유통과 오프라인 유통의 장점만을 합쳐놓은 것이라 할 수 있다.

　　대표적인 매장이 바로 수산물, 채소, 야채 등 신선식품을 주로 판매하는 허마센성(盒馬先生, 하마선생)이다. 이곳은 고객이 오프라인 매장에서 물건을 직접 확인하고 고른 후, 앱과 알리페이를 통해 결제하면 집으로 물건을 배송해 주는 무인 시스템을 적용하고 있다. 코로나19의 확산으로 비대면 유통채널이 확대하는 상황에서, 2020년 2월과 3월 허마센성의 전체 판매량은 지난해 동기 대비 220%가 급등하는 성장세를 보였다.

이외에도 베이징과 상하이에서 운영되는 무인 서점과 중국 곳곳에서 문을 열고 있는 무인 레스토랑 등 중국 전역에서는 온·오프라인 쇼핑의 장점을 합친 새로운 형태의 무인 매장이 계속 선보이고 있다.

이처럼 구매와 결제가 온-오프라인 형태의 공간에서 비대면의 형식으로 이루어지고 있는 것과 마찬가지로, 중국의 자율운송 및 배달 서비스는 예기치 않게 빠른 속도로 발전하며 획기적인 변화를 거듭하고 있다.

2016년 첫선을 보인 징동(京東)의 무인 물류창고는 부피 및 무게 책정, 검사, 적재, 분류, 포장, 배송에 이르는 시스템 전반에 1,000여 대의 로봇을 이용하여 하루 평균 약 20만 건의 업무를 처리할 수 있게 되었다. 또한 후베이성이 코로나로 인해 몸살을 앓던 2020년 초, 징동은 무인운반로봇(AGV, Automated Guided Vehicle)을 활용하여 후베이성에 의료물품을 배송하는 등 무인시스템의 활용에 적극적으로 임하고 있다.

이외에 최근 인공지능 기술을 기반으로 한 자율주행자동차의 발전은 무인배송 시스템의 큰 동력이 됐다. 코로나가 본격적으로 진행된 2020년 1~2월에 자율주행 스타트업 기업인 네오릭스(neolix)는 200대 이상의 자율주행 차량을 중국 내 온라인쇼핑 업체인 알리바바, 징동 및 온라인 배달 서비스 업체 메이투안(美團), 디엔핑(点評) 등에 판매해 무인운송의 선두 자리를 차지했다. 회사 설립 후 6개월 동안 단 125대의 자율주행 차량을 판매했던 네오릭스는 코로나19 발생 이후 두 달 만에 두 배 정도의 판매량 증가를 경험한 것이다.

그리고 중국의 무인택배 수취박스의 보안 수준 역시 나날이 발전하는 모습을 보이고 있다. 최초 비밀번호 입력 형태였던 무인택배 수취박스는 최근 기술의 발전에 따라 안면인식 기능이나 지문인식 기능을 활용한 형태로 점차 확대되어가는 추세다.

코로나로 인해 심각한 경제 위기가 찾아왔다는 뉴스가 연일 보도되는 2020년, 기계가 인간을 대체하는 '무인의 시대'가 온 것은 어쩌면 당연해 보인다. 과거 18세기 영국에서 시작된 산업혁명이 전 세계를 '기계의 시대'로 초대하였고, 2003년 사스가 중국을 휩쓸고 지나간 이후 중국인들은 온라인쇼핑의 시대를 살아가게 되었다. 그리고 2020년, 코로나로 인해 중국은 온라인뿐만 아니라 오프라인에서도 또 다른 새로운 형태의 삶을 경험하는 '무인의 시대'를 열었다.

'무인의 시대'는 불필요한 접촉을 없애고 시간과 인력을 절약할 수 있다는 점에서 많은 사람의 환영을 받고 있다. 그러나 모든 것에는 밝은 부분과 어두운 부분이 있듯, 최신 기술이 공존하는 무인의 시대 역시 아직 개선해야 할 점들이 분명히 존재한다.

무인의 시대에는 생산-구매-운송-보관-배송 등 생산·유통·소비의 전 과정에서 무인시스템이 적용되면서 인공지능 로봇이 대부분의 일자리를 대신하게 됐다. 제4차 산업혁명의 대표로 손꼽히는 '무인' 시스템은 머지않아 일자리의 재앙이 될 것이며, 인간에게 인간이 필요하지 않아 관계 단절이 이루어질 것이라는 경고도 여기저기서 끊이지 않고 있다.

그뿐 아니다. 디지털 취약계층의 경우 인간이 아닌 기계와의 만남 속

중국의 한 여성이 얼굴 인식 시스템이 접목된 무인주문·결제 시스템을 사용하여 식사 비용을 지불하고 있다.
ⓒ연합뉴스

에서 더 큰 소외감을 느낄 수 있다. 며칠 전 중국에서 생활하는 한 선생님과 오랜만에 통화를 했다. 코로나19로 인해 식당에 가기도 무섭다는 이야기가 나올 때 즈음, 그 분이 맥도날드에서 햄버거를 주문하는 데만 10분이 넘게 걸렸다는 이야기를 꺼냈다. 맥도날드에서는 무인주문·결제시스템을 사용해야 했는데, 사용 방법을 몰라 몇 번의 시행착오를 거쳤다는 것이다.

그 이야기를 듣다 보니 불현듯, 중국 유학 시절인 2017년 어느 날 기숙사 1층의 패스트푸드점 키오스크 기계 앞에서 머뭇거리시던 할머니와 어린 손녀딸이 생각났다. 두세 살 정도 되어 보이는 손녀딸의 손을 꼭 잡고 기계 앞에 서서 어쩔 줄 몰라 하던 할머니는 결국 주문을 못 하고 발걸음을 돌리는 듯했다.

내가 다가가서 도움이 필요한지 묻자, 본인들은 글도 잘 모르고 기계는 어려워 그냥 돌아가려 했다며 도움을 요청했다. 1분도 채 걸리지 않아 결제를 완료한 나에게 할머니는 거듭 고맙다고 말했다.

키오스크 기계의 지나치게 많은 선택지와 불친절한 설명, 그리고 작은 글씨는 돈이 있어도 햄버거 하나 구매하는 것조차 쉽지 않은 디지털 문맹을 낳았다. 특히 새로운 것에 익숙하지 않은 노년층이나 장애인 등은 기계와의 만남 속에서 디지털 소외감을 더욱 크게 느끼게 되었다.

우리는 무인의 시대를 살아가고 있으며, 많은 사람이 곧 완벽히 무인 시대에 적응하여 살아갈 것이다. 반면, 필연적으로 무인의 시대에서 도태되고 소외되는 약자들이 나타날 것이며, 인간에게 인간이 더 이상 필요치 않은 인간 관계의 단절도 진행될 것이다. 무인의 시대가 가져올 어두운 그림자다.

그렇다면, 우리는 무인시대에 뒤처지는 그들을 어떻게 바라보아야 할까? 우리는 소외되는 그들을 위해 어떻게 해야 할까? 그리고 인간과 기계의 관계 속에서 인간과 인간 간의 관계는 어떻게 규정하고 지속해야 할까? 누구 하나 '무인시대'가 가져올 어두움에 대해 명쾌한 답을 내리지 못하는 지금, 우리는 인간에 대한 애정 어린 마음으로 이 시대가 우리에게 던진 물음에 대해 고민해야 할 것이다.

김현선
2020. 6. 19.

환경 문제, 동양의 세계관으로 해결할 수 있다?

환경 문제는 산업혁명 이전에도 있었다

2020년 발생한 코로나19(COVID-19) 사태를 계기로 환경 문제에 대한 관심이 고조되고 있다. 사스(SARS), 메르스(MERS)에 이어 코로나19까지 코로나바이러스 계열의 신종 전염병이 연이어 발생하고 있는데, 많은 전문가가 그 원인으로 기후 변화와 환경 파괴를 지목하고 있다. 즉, 기후 변화와 환경 파괴 등으로 야생동물과의 접촉이 빈번해지면서 전염병이 유행하는 경우가 늘어난다는 것이다.

더불어 2020년 코로나19로 인간의 활동이 줄어들자 야생동물들이 서식지로 돌아오거나 대기환경이 개선되는 현상이 나타났다. 몇 달 만에 달라진 세상은 인간의 인위적 활동이 환경을 얼마나 파괴했는지를 다시 돌아보는 계기가 되었다. 더불어 맑고 깨끗한 하늘을 위해 지속적으로 노력해야 한다는 목소리가 높아지면서 환경 문제와 환경 정책에 관한 관심이 증대되었다.

환경 문제는 코로나19의 원인이자 결과로서 크게 작용하였으며, 이를 통해 환경 문제가 인간의 생명과 직결되는 중요한 문제라는 사실을 다시 한 번 확인하게 되었다. 이 현실적인 문제로 역사학계에서도 환경사에 대한 관심이 증대되고 있다.

『자연의 저주』라는 책은 코로나 사태와 관련하여 주목받는 중국 창장 (長江) 중류 지역 환경사와 관련된 매우 귀중한 자료이다. 국내에서는 환경 문제와 역사학의 만남이 매우 드문 일이지만, 이를 시도해 온 정철웅 교수 (명지대)는 이 한 권의 책에 그동안의 환경사 연구 성과를 결집했다. 이를 간략히 소개하도록 하겠다.

창장(長江) 중류지역의 개발과 환경 악화

중국 명청(明淸) 시대에는 역사상 유례를 찾아보기 어려울 정도로 인구가 급격히 증가했으며, 인구 이동도 그 규모와 이동 범위에서 다른 시기를 압도할 정도였다. 특히나 창강 중류 지역, 즉 후베이성(湖北省)과 후난성 (湖南省), 그리고 장시성(江西省)은 인구 유입과 증가가 격심했던 곳으로, 외부 이주민들에 의한 하천유역 개발로 창강 중류 지역의 경제가 크게 발달하였다.

후베이성과 후난성의 양호 평원 지역에서는 강과 호수 주변의 저습지에 제방을 쌓은 위전(圍田)이라는 수전이 개발되었다. 양호지역 평원의 저습지에서 생산한 미곡은 전국으로 유통되어 명대 '호광숙천하족(湖廣熟天下足)'이라는 말이 유행하기 시작하였다.

하지만 청 후기로 갈수록 수전의 개발은 포화 상태에 이르렀으며, 유수지로 기능하던 저습지와 호수면이 감소하면서 수해가 증가하기 시작하였다. 따라서 청대 후기에 이르러 대다수 지방 관리가 후난성에 위치한 동

정호의 수면 축소로 저수와 배수 기능이 약
화될 상황을 염려하여 호수 주변에 형성된
위전의 철폐를 주장하기도 하였다.

후베이성과 후난성에는 홍수가 거의
일상적으로 발생했으며, 그런 이유로 하천
이나 하천의 유실 또는 제방이 무너져 발
생하는 홍수는 이 지역의 자연환경을 결정
하는 매우 중요한 요소였다. 이런 자연환경
탓에 후베이성 주민의 생활이나 심리 상태
역시 독특한 모습을 보여 준다. 과거 하천
유역에서 장기간에 걸쳐 발생한 자연환경
의 변화는 현재 우리가 직면한 환경 문제와 완벽하게 일치한다.

정철웅, 『자연의 저주』, 책세상
ⓒ책세상 누리집

더불어 청 중엽 이후 양호평원의 인구 압력이 심해지고 경쟁이 격화
되면서 후베이성의 서부 지역과 서북 산간지대, 후난성의 서북 산간 등지
로 인구가 대규모로 이동하였다. 인간의 활동 범위를 확대하기 위한 인위
적 노력은 끊임없이 계속되었다.

평야지대와 마찬가지로 산악 지역에서도 수전이 개발되고 면화와 같
은 경제 작물이 재배되었으며, 격심한 토지 분쟁이 발생했다. 또한 산림
남벌 등 인간의 무차별적 자연 개발로 환경이 변하면서 동식물의 감소와
동물들의 인간 영역 침범, 수해 등 환경 폐해가 속출하였다.

인간의 행위에 대해 자연도 결코 침묵하지 않았다.

환경과 보존을 둘러싼 격렬한 논쟁, 하천 오염으로 발생하는 질병, 자연 자원의 극단적인 개발과 이용, 광산 개발에 따른 폐수 유출과 분진, 동식물의 감소와 동물들의 인간 영역 침범, 산림 남벌, 토양 침식, 기후 변화, 어장과 어자원 감소, 식수 부족, 자연 변화에 따른 풍속 변화, 식물의 상품화 등 환경문제가 명청 시대 창장 중류 지역에서 발생했다.

이에 인간은 사회를 조직하고 거대한 인적·물적 자원을 투여하는 등 끊임없이 대응했으나 인간 능력에 대한 무력감과 공포심만을 확인할 수 있었다. 환경 악화로 부지불식간에 자연이 인간을 지배하기 시작하였던 것이다.

자연은 정말 인간을 저주했을까?

동서양의 자연관과 환경 문제를 바라볼 때, 일반적인 시각은 '자연 파괴적인 서양의 자연관과 달리 동양은 자연 친화적이며 환경에 우호적이다'라는 것이다. 더불어 '환경 문제는 근대 산업화 이후 발생했으며 자본주의적 생산 시스템과 기술 문명이 그것을 악화했다'는 시각이 일반적이다.

하지만 『자연의 저주』는 원시시대로의 회귀나 동양의 자연관 회복이 환경 문제를 해결할 열쇠가 될 수는 없으며, 현대 문명을 환경 악화의 주범이라고 보는 것 역시 매우 단편적인 시각이라는 사실을 알려 준다. 오히려 환경 문제는 한 사회의 의식 및 제도가 환경과 바람직한 관계를 맺지 못할 때마다 발생한 역사적 현상임을 설명하고 있다.

　더불어 인류가 역사와 문명을 만들어 가면서 초래한 환경 문제를 제시함으로써 인간의 행위에 대해 자연은 결코 침묵하지 않음을 알려주고 있다. 『자연의 저주』는 우리에게 환경문제에 대한 그 어떤 정치적 구호보다도 적극적인 메시지를 전해 주고 있다.

　"우리 인간의 욕망을 줄이고 불편한 생활을 감수해야만 한다."

　일상이 멈추자 맑은 하늘이 보이기 시작했다. 인간의 욕망을 위한 인위적인 노력을 잠시 멈추고 과거 창장 중류 지역의 자연이 말해 주었던 경고와 이 책의 메시지에 귀 기울이기를 바란다.

'코로나19' 이후 중국 사회는 어떻게 변할까?

시험대 오른 시진핑의 '신시대 중국 특색의 사회주의 사상'

2019년 12월부터 시작된 코로나19 사태가 2020년 7월 말 현재까지 지속되면서 전 세계적 유행(pandemic)으로 상황은 날로 악화되고 있다. 이에 따라 국제사회는 코로나 이후의 변화된 삶과 불확실한 미래를 마주하게 되었으며, 어떻게 이러한 위기를 극복하여 새로운 기회로 삼을 것인지를 고심해야 할 때이다.

특히 코로나19의 발원지로 알려졌던 중국에서도 코로나 이후 정치·경제·사회적인 변화가 여러 방면에서 나타나고 있으며, 이에 대응하여 중국 정부는 위기를 넘어 '포스트 코로나 시대'를 선도하고자 다양한 정책을 구상·시행하고 있다.

신형 인프라 구축과 디지털 경제로의 전환 가속화

먼저 주목되는 것은 2020년 5월 21일 개최된 중국 최대 정치 행사인 '양회(兩會)', 즉 전국인민정치협상회의와 전국인민대표대회에서 리커창

2020년 5월 21일부터 28일까지 시진핑 국가주석과 리커창 총리를 비롯한 정치국 상무위원 전원이 참석한 가운데 중국 최대 정치 행사인 '전국인민정치협상회의'와 '전국인민대표대회'가 개최되었다. ⓒ연합뉴스

총리가 포스트 코로나 시대를 대비하기 위해 디지털 경제의 신속한 발전과 산업 영역의 디지털화 촉진을 거듭 강조했다는 점이다. 그리고 이를 실현하고자 구체적으로 제시된 정책이 바로 '신형인프라건설(新型基礎設施建設)'이다.

'신형인프라건설'의 핵심은 5G, AI, IoT 등 차세대 디지털 기술 분야에 투자를 확대해서 새로운 성장 동력을 마련하고, 중국의 산업 구조를 고도화함으로써 산업 경쟁력을 강화하겠다는 것이다. 이처럼 중국 정부는 코로나19 사태를 신산업 발전의 기회로 인식하고 있으며, 이를 위한 발판으로 신형 인프라의 구축과 디지털 경제로의 전환을 가속화하고 있다.

무엇보다 2020년은 시진핑 주석이 '중국몽' 실현을 위한 국가 발전

로드맵의 첫 단계로 제시한 '소강(小康)사회(모든 인민이 기본적인 의식주를 해결하는 것을 넘어 풍요로운 생활을 영위하는 사회를 의미함)'의 완성을 앞둔 시점이기도 하다.

따라서 향후 중국의 중장기적 경제 정책의 목표와 방향을 가늠할 수 있는 '14차 5개년 규획(2021~2025년)'에도 디지털 인프라의 구축을 통한 사회경제적 혁신이 중요한 과제로 상정되었으며, 이를 통해 지속적이고 안정적인 성장과 발전을 견인해 나갈 전망이다.

이와 관련해서 금번 양회에서도 신형 인프라 건설 사업을 통해 플랫폼 경제와 공유경제를 더욱더 활성화하고 양질의 일자리를 창출함으로써, 코로나 이후 더 불안해진 고용과 민생을 안정화하자는 목소리가 강조되었다. 이러한 중국 정부의 전략적 구상은 2050년까지 '사회주의 현대화 강국'을 건설하겠다는 장기적 목표에 부응하는 것이며, 이에 따라 향후 중국 공산당의 사회경제적 개혁 과제는 '산업 구조의 고도화', '균형 발전', '민생 개선' 등에 좀 더 집중할 것으로 보인다.

스마트시티 건설과 테크놀로지 기반 사회관리 체계의 구축

한편, 중국에서 코로나19 사태는 단순한 질병-보건 차원의 위기가 아니라, 정부의 거버넌스 능력에 대한 신뢰의 문제로까지 확대된 측면이 있다. 특히 이번 사태를 악화시킨 원인으로 초기대응 미숙과 열악한 의료 체계, 그리고 불투명한 정보 공개와 지도부의 책임 회피였다는 점이 드러나면서 '시진핑 통치 체제'의 위기로까지 확산하였던 것이다.

따라서 코로나 이후 중국 사회의 안정을 위해서는 기층조직의 운영을 보장함으로써, 거버넌스 체계 및 능력을 더 개선해나가는 것이 무엇보다 중요하다.

이와 관련해 최근 중국 정부는 코로나19 확산 차단 및 방역을 위해 스마트시티 기술로 구축된 사회관리 방식을 적극적으로 활용하고 있다. 즉, 사물인터넷(物聯網), 클라우드(雲計算), 빅데이터(大數據) 등 정보통신 기술을 활용한 스마트시티의 건설과 이를 통한 '사회관리의 정밀화(社會治理的精細化)'를 적극 추진하고 있다.

구체적으로 '방역관리 플랫폼(防疫管理平臺)'과 '건강정보코드(健康信息碼)'가 코로나 이후 중국 사회관리 체계의 새로운 방식으로 주목받고 있다. 먼저 각급 정부에 구축된 '방역관리 플랫폼'은 전염병 추세, 예방 및 통제 현황, 물자 관리 등의 데이터를 일괄적으로 조정 및 관리하는 시스템이다. 이 플랫폼에 연동된 애플리케이션(application)을 통해 지역사회 차원에서 전염병의 감시, 조사, 진료이력 추적, 물자 등록 등의 업무를 수행할 수 있다.

그리고 '건강정보코드'는 주민들이 개인 스마트폰에 애플리케이션을 설치하고 개인 정보를 입력하면 개인 '건강QR코드'가 생성되는데, 이를 일종의 전자통행증으로 활용하는 시스템이다.

특히 지난 6월 28일 중국 국가위생건강위원회(國家衛生委, 위건위)는 '정보화를 통한 전염병 일상화 방역 업무 지원에 관한 통지(關於做好信息化支撑常態化疫情防控工作的通知)'를 발표했는데, 하나의 '건강QR코드'로 모든 인적 이동을 통제·관리하는 '코드 통행(一碼通行)' 시스템을 완비할 것이 강조됐다.

이처럼 최근 중국 정부는 정보기술의 발전을 사회관리 및 통치에 적극적으로 적용하는 '기술 거버넌스'를 지속해서 강조하고 있는데, 코로나

19 사태를 경유하면서 이러한 경향은 더 강화되고 있다. 더욱이 중국 정부의 대대적인 지원하에 2020년 공중위생 관련 분야의 시장 규모가 1,000억 위안(약 17조 원)을 넘어설 것으로 전망되는 가운데, 정보화 방역 플랫폼 개발 및 운영 회사 간의 시장 경쟁이 치열하게 전개되고 있다.

그러나 현재 중국에서 형성되는 기술적 성격의 공공 거버넌스는 권력과 자본이 결탁하여 만들어 내는 경영적 성격이 강하다. 따라서 새로운 권력 기술과 규칙에 따른 감시와 통제가 오히려 강화될 것이라는 우려도 나오고 있다. 실제로 '건강정보코드'나 안면인식을 비롯한 디지털 기술이 의료 서비스나 방역 업무를 넘어 사회정치적 통제와 감시의 수단으로 활용되면서 기층에서의 다원적이고 민주적인 참여 공간이 더 축소될 가능성도 배제할 수 없다.

포스트 코로나 시대, 글로벌 정치경제의 변동 속 중국의 고립과 선택

마지막으로 코로나19는 글로벌 정치경제 질서에도 큰 영향을 미치고 있다. 무엇보다 세계 주요 국가의 '탈중국화' 현상으로 국제사회에서 중국이 고립될 위험에 놓였다는 분석이 중국 안팎으로 나오고 있다.

주지하듯이 코로나19 사태는 1990년대 이후 본격화된 세계화 추세의 산물이지만, 역설적으로 전 세계로 위기가 확산되면서 입국 제한과 국경 봉쇄 등 탈세계화 현상이 촉진되고 있다. 특히 글로벌 분업과 협력을 특징으로 하는 '글로벌 생산네트워크'가 자국중심주의와 보호무역주의로 회귀하고 있으며, 이에 따라 미국과 일본을 비롯한 세계 각국이 중국에 대한 경제적 의존도를 낮추고자 자국 기업의 '리쇼어링(국외 생산기지의 자국 복귀)'을 적극적으로 지원하고 있다.

또한 미국과 중국 간의 패권 경쟁이 고조되면서 기존의 기술 경쟁과 무역 갈등을 넘어 정치안보적 위기로까지 상황이 격화되고 있다. 즉, 중국의 남중국해 영유권 주장과 인도·태평양 지역 내 영향력 확대를 저지하기 위해 미국을 중심으로 반중(反中) 공조가 본격화되고 있으며, 이에 따라 미중은 서로 상대 영사관을 폐쇄하는 등, 양극의 관계는 극한 상황으로 치닫고 있다.

특히 최근 폼페이오 국무장관은 반중 공조를 "독재국가와 권위주의 정권에 맞서 자유와 민주주의를 선택하는 것에 대한 문제"이며 "시대적 과제"라고 강조하면서 중국을 더 압박하고 있다.

이렇듯 국제사회에서 중국에 대한 압박과 고립화가 지금과 같이 지속된다면, 앞서 말한 2050년까지 '사회주의 현대화 강국'을 건설하겠다는 중국 정부의 중장기적 전략에 큰 차질이 발생할 수밖에 없을 것이다. 더구나 코로나19로 인한 경제 침체가 이어지는 상황에서 중국 내부에서도 다양한 형태의 사회적 저항이 일어날 가능성이 있다.

이러한 측면에서 지난 2017년 19차 당대회에서 시진핑 주석이 선언한 '신시대 중국 특색의 사회주의 사상'이 포스트 코로나 시대 국제사회의 시험대에 올랐다고 할 수 있다. 무엇보다 코로나19로 인한 사회경제적 위기를 극복하고, 국제사회의 신뢰를 회복하려는 중국 정부가 어떤 선택을 할 것인지가 동북아 지역 및 국제질서의 재편에도 지대한 영향을 미칠 것이라는 점에서 그 향방이 더 주목된다.

윤성혜
2020. 8. 7.

중국판 '그린 뉴딜'은 어디까지 와 있나

중국 정부의 강력한 '당근과 채찍'

코로나19에 이어 이제는 장마다. 40일이 넘게 유례 없는 긴 장마로 피해가 속출하고 있다. 기상 전문가들은 한반도의 긴 장마는 시베리아 지역의 뜨거운 공기에서 기인한 것이라고 분석한다. 추운 지역의 대명사로 인식되던 시베리아가 지구온난화로 더워지고 있는 것이다.

1992년 브라질 리우에서 기후변화 대응을 위한 전 지구적 노력을 약속하며 〈기후변화협약(UNFCCC)〉을 채택할 때까지만 하더라도, 기후변화가 대중에게 미치는 영향을 직접적으로 느끼지는 못했다. 하지만 어느덧 기후변화는 폭염, 장마와 같이 우리의 일상에 영향을 미치는 것은 물론, 그로 인해 삶을 송두리째 파괴하는 재난으로까지 발전하기도 한다.

우리가 경험하는 기후변화는 자연 생태계에서 정상적으로 발생하는 자연 현상이 아니라 인간 활동의 결과로 만들어진 인위적 현상이다. 따라서 우리의 행동으로 지금의 기후변화 추세를 바꿀 수도 있다. 잠깐이지만 코로나19의 여파로 인간의 활동이 멈추자 자연 생태계에 나타나는 긍정적 변화를 우리는 이미 경험한 바 있다. 우리의 미래 그리고 미래 세대를 위해 좀 더 적극적인 전환을 시도해야 하는 시기가 온 것 같다.

그린 뉴딜 정책의 성공 조건

때마침 정부는 2020년 7월 14일 관계부처 합동으로 '한국판 뉴딜' 종합계획을 발표했다. 한국판 뉴딜의 핵심은 '디지털 뉴딜'과 '그린 뉴딜'이다. 전자는 경기 침체의 극복과 국제경제의 디지털 전환 가속화에 따른 산업구조조정 정책의 일환으로 이해할 수 있다.

후자는 앞서 언급한 기후변화에 따른 기후 재앙에 대비하고, 인간의 활동으로 인한 기후변화 가속화를 늦추기 위한 대응 정책이다. 양자 모두 새로운 산업경제 동력을 창조한다는 차원에서 우리가 매우 절실하게 쟁취해야 하는 과제임은 틀림 없다. 특히 그린 뉴딜은 기후변화에 능동적으로 대응한다는 점에서 지속성을 가지고 진행되었으면 하는 바람이다.

한편, 한국은 2008년 녹색 기술·청정 에너지를 통한 저탄소 녹색성장을 국가 비전으로 제시하고 2010년 저탄소녹색성장기본법 제정과 대통령 직속 '녹색성장위원회'를 설치하며 녹색 전환의 토대를 마련했다.

이 연장선상에서 2020년 그린 뉴딜이라는 정책 비전이 발표되었다. 그러나 10여 년이라는 시간이 무색할 정도로 원점으로 돌아간 느낌이라 안타깝기 그지없다. 이명박 정부의 저탄소 녹색성장 정책은 시작이 좋았으나 그 빛을 보지 못한 것이다. 아마도 정책이 정부에만 머물렀기 때문이라고 추측해 본다.

저탄소 녹색성장이나 그린 뉴딜은 앞서 언급한 바와 같이 경제발전의 새로운 원동력을 만드는 것뿐만 아니라, 더 넓은 의미에서 국가의 근본적 발전 방향을 '자원 절약형, 환경친화적'으로 전환하는 것을 의미한다. 이와 더불어 정부, 기업, 국민의 적극적 지지와 실천이 있어야 이행 가능한

문재인 대통령이 청와대 영빈관에서 열린 '한국판 뉴딜 국민보고대회'에서 발언하고 있다.
©청와대 누리집 동영상 갈무리

정책이다.

특히 정책 이행의 주체로서 기업이 근본적으로 생산과 경영 방식을 바꾸려 노력하지 않고, 참여 주체로서의 개인이 그 소비 패턴을 바꾸지 않는다면 그린 뉴딜은 여전히 지속하기 어렵다.

한국의 저탄소 녹색성장 정책 시행과 비슷한 시기에 중국에서는 '순환 경제 발전'이라는 지속가능한 발전 모델을 구축하는, 소위 그린 뉴딜 정책을 실시했다. 2011년 '국가사회경제발전 12차 5개년 개발 규획(12.5규획)'과 함께 본격적으로 시작된 사회·경제 분야의 '녹색화' 대전환 정책은 2015년 '생태 문명 건설'이라는 국가의 핵심 사상(思想)으로 발전되었다.

정부주도형 중국판 그린 뉴딜

중국은 2018년 국가의 근간이 되는 중화인민공화국헌법을 개정할 때, 국무원의 직권에 "경제업무와 농촌·도시 건설의 지도와 관리"와 더불어 "생태 문명 건설의 지도와 관리"를 추가했다.(제89조) 이는 녹색 발전을 통한 생태 문명 건설이라는 정책의 무게감이 중국에서 어느 정도인지를 가늠할 수 있게 한다. 이에 따라 중국은 에너지, 산업, 그리고 도시 및 생활공간에서 녹색 전환이 빠르게 진행되고 있다.

사실 중국도 한국과 마찬가지로 녹색발전 정책이 지지부진한 시기가 있었다. 중국은 우리의 관념과는 사뭇 다르게 1970년대부터 환경 문제를 중요시해 왔다. 하지만, '경제 성장'이라는 명분하에 친환경 경제 발전은 정책의 우선순위에서 항상 밀려나 행동으로 이어지지 못했다.

그러나 급격한 경제 성장의 결과 중국은 국외적으로 이산화탄소 최대 배출국이라는 오명을 얻었고, 국내적으로 자원 고갈과 환경오염이라는 문제에 직면하게 되었다. 에너지, 산업, 그리고 도시 및 생활공간에서의 녹색 전환은 이 두 가지 문제를 해결하기 위해 필요한 선택이었다고 볼 수 있다.

중국은 전통 산업을 통해 경제 성장을 이룬 국가이고, 전통 산업은 에너지 소모로 인해 많은 오염물을 배출한다는 특징을 갖고 있다. 중국과 같이 전통 산업이 주를 이루는 국가의 녹색 전환 정책은 무엇이 핵심일까. 그 핵심은 바로 기존의 전통 산업이 갖는 특징, 즉 기존의 에너지에 대한 의존도를 줄이고 새로운 에너지 형태의 개발로 전환하는 데 있다. 하지만 이는 쉬운 문제가 아니다. 기업과 개인이 습관화된 생산, 경영, 소비의 행태를 친환경·저탄소 형태로 바꾸려는 의식과 노력이 필요한데, 구태여 비용을 감수하면서까지 이를 스스로 이행하기는 쉽지 않기 때문이다. 따라서 정부의 강력한 정책 주도가 필요하다. 이에는 한국의 그린 뉴딜 정책에 대한 내용에서도 제시했듯, 이들의 행동을 바꿀 달콤한 미끼와 엄격한 채찍이 필요하다.

중국 정부의 엄격한 채찍은 많은 에너지를 소모하고 오염물을 배출하는 기업에 대한 대대적 단속과 처리다. 이를 위한 법제 재정비는 물론 '정부 책임제도'를 실시하여 효과적으로 오염 발생을 통제했다. 특히 책임제도는 각 지방에서 발생하는 오염에 대해서 각 급(級) 정부가 책임을 부담하기 때문에 지방정부의 참여를 독려하는 수단으로 활용되고 있다.

최근에는 이러한 책임제도가 기업으로 확대·실시되고 있다. 생산 및 경영 단계에서 자원생태의 파괴를 최소화하는 녹색 생산 및 경영 체제로 전환하는 것이 기업의 주요한 책무가 되었다. 녹색 책임 관리 체계를 구축하여 녹색 전환의 주체로서 책임 있는 관리 임무를 강화할 것을 요구하고 있다.

중국에서 이러한 기업들이 생존하기 위한 방법은 딱 두 가지다. 하나는 산업의 형태를 유지하면서 에너지 소모와 오염물 배출을 국가표준에 맞추는 방법과 다른 하나는 친환경 녹색 산업으로 바꾸는 것이다. 대신 이들 기업들에는 정부의 든든한 지원이 달콤한 당근이다. 한국에도 잘 알려진 '중국제조2025'나 '인터넷+'가 녹색 대전환을 이끄는 동력으로 볼 수 있다.

녹색으로의 사회·경제적 전환은 이제 우리에게도 더 미룰 수 없는 과제다. 녹색발전을 위한 구조 전환은 정부의 강력한 정책 주도의 의지가 필요해 보인다. 이와 더불어 우리 모두의 뼈를 깎는 고통과 노력이 수반되어야 한다. 이러한 이유로 기업과 개인의 노력에 대한 전 국민적 인식과 합의를 모으는 것 또한 매우 중요하다. 비전에 취해 이를 간과한다면, 전임자의 정책 실패를 되풀이하게 될지도 모른다는 점을 명심해야 한다.

신금미

2020. 8. 21.

시진핑이 '먹방'을 금지하려는 이유는?

미중 갈등 속 '식량안보' 대비하나

먹는 방송, 일명 '먹방'이 트렌드로 자리 잡은 지 오래다. TV를 보다 보면 먹는 것과 관련된 프로그램이 참 많다. 여기에 1인 미디어까지 합세하면서 식(食)과 관련된 콘텐츠가 참으로 풍부해지고 있다. 중국 역시도 우리나라의 영향을 받아 먹방이 대세다. 하지만 최근 중국 먹방에 먹구름이 드리우고 있다. 중국에서 더는 먹방을 볼 수 없게 될지도 모르기 때문이다. 얼마 전, 시진핑(习近平) 중국 국가주석의 "음식 낭비 현상이 놀라울 정도로 충격적이어서 마음이 아프다(餐饮浪费现象、触目惊心、令人痛心)"라는 말 한 마디에 중국의 국영방송사인 CCTV에서는 먹방이 음식 낭비를 부추긴다고 비판하기 시작했기 때문이다.

중국 음식 낭비 현황

중국의 데이터를 보면 중국 내 음식 낭비는 매우 심각한 수준이다. 이는 중국 외식산업의 성장과 관계가 깊다. 1978년 중국 외식산업의 시장 규모를 살펴보면 그 규모가 그리 크지 않았고, 이후 28년이 지난 2006년에 이르러서야 그 규모가 약 1조 위안에 달했다. 이후 중국 경제의 급속한 성장으로 중국인의 소득 수준이 높아지면서 외식산업 역시 빠르게 성장하여 그 소비 규모가 2011년에는 2조 위안을 돌파, 2015년에는 3조 위안을 돌파, 2018년에는 4조 위안을 돌파하며 중국 내수경제를 책임지는 핵심 소비시장이 되었다. 하지만 이에 대한 부작용으로 음식 낭비도 날로 심각한 수준에 이르게 되었다. 2018년 '중국도시 음식물 낭비 보고서(中国城市餐饮食物浪费报告)'에 따르면, 2015년 중국 도시 외식산업계가 낭비하는 음식물이 약 1,700만~1,800만 톤 정도로 이는 중국 인구 3,000만~5,000만 명이 1년 동안 먹을 수 있는 양이라고 한다. 가히 시진핑 국가주석이 마음 아파할 만하다.

왜 이 시점에 음식 낭비와의 전쟁을 선포?

음식 또한 소중한 자원이므로 낭비를 줄여야 하는 것은 당연하다. 시진핑 국가 주석은 2013년부터 음식물 낭비 줄이기 캠페인을 벌인 바 있다. 그런데 중국의 음식물 낭비 문제는 체면을 중시하는 중국의 문화와도 깊은 관련이 있다. 우리나라에서는 초대를 받아 식사하게 되면 남기지 말고 깨끗이 비워야 주인에 대한 예의라고 생각한다. 하지만 중국은 우리와 반대다. 손님이 배불리 먹고도 음식이 남아야 주인이 손님을 제대로 대접했다고 여긴다. 그렇기 때문에 실제 먹을 수 있는 양보다 많은 양의 음식을 주문하는 경우가 생기고 그러다 보니 음식물이 낭비될 수밖에 없다.

이에 2013년도에는 식당에서 먹고 남은 음식을 싸 가는 '다빠오(打包)' 캠페인이 적극적으로 펼쳐졌다. 이번에는 이보다 강력한 조치가 취해질 전망이다. 시진핑 국가 주석의 말 한 마디에 일부 지방정부에선 N-1 캠페인, 즉 손님 수보다 1인분 덜 주문하기 등의 캠페인을 시작했으며, 다수 부처가 연합하여 '음식 낭비 제지를 위한 절약습관 양성(制止餐饮浪费培养节约习惯)'이라는 제안서를 발표하였다는 점에서 이전과 큰 차이가 없으나 중국의 국회격인 전국인민대표대회가 음식 낭비를 막기 위한 법제 마련에 들어갔다는 점에서는 큰 차이를 보인다.

그렇다면 중국은 왜 지금, 미국과의 무역 전쟁이 한창이고 전 세계를 강타한 코로나19로 인해 세계 경제가 침체됐으며 중국 남부 지역이 심각한 수해를 입은 이 시점에 '음식 낭비'와의 전쟁을 선포한 것일까? 중국 내부적으로는 '식량안보 위기에 대한 대비'라는 분석이 대세다. 즉, 미중 갈등으로 인한 무역 전쟁이 식량 전쟁으로 이어질 수 있고, 전 세계를 강타한 코로나19로 인해 식량 수출국들이 수출을 줄이고 있으며, 중국 남부 지역의 심각한 수해로 인해 농작물 생산량이 대량 감소하는 등의 문제로 중국 정부가 식량안보에 대한 위기의식을 느끼고 이에 대비를 하고자 한다는 것이다.

중국 농업대국이자 강국은 아냐

중국은 땅이 넓지만 인구가 많아서 인구 대비 경작할 수 있는 땅이 적은 국가이다. 2018년 제6차 전국인구조사에 따르면 중국의 총인구는 약

13억 9,000만 명이다. 이중 농촌 인구가 약 6억 7,661만 명으로 전체 인구의 41.8%를 차지한다. 전체 인구에서 농업 인구의 비율이 약 5% 미만인 미국, 캐나다, 호주, 프랑스, 독일보다 비율이 매우 높다. 중국의 토지 면적은 러시아와 캐나다에 이어 세계 3위, 전체 경작지 기준으로 보면 세계 4위이지만 농업인구 1인당 경작지는 세계 평균에 채 미치지 못하는 수준이다.

중국국가통계국(中国国家统计局)의 자료에 의하면, 2017년 식량자급률은 세계안전기준인 90%보다 낮은 82.3%로 전년 대비 감소하였고, 2018년 중국 식량 총생산량은 6억 5,790만 톤으로 2017년 대비 0.6% 감소하며 식량자급률이 매년 감소하고 있다. 반면 우리나라의 관세청에 해당하는 해관(海关)의 자료에 의하면, 2017년 중국 식량 총수입은 1억 3,000톤으로 2016년과 비교하여 13.9% 증가하였고, 2018년 1억 1,500만 톤으로 전년 대비 다소 하락하긴 하였으나 여전히 많은 양을 수입에 의존하고 있다.

즉, 중국은 인구가 많고 토지 자원이 상대적으로 부족한 나라이며, 많은 양의 식량을 외부에 의존하다 보면 결국 올해와 같은 외부 불확실성의 가중으로 중국의 식량안보가 위협받을 수 있으므로 이를 미연에 방지하고자 이 시점에 음식 낭비와의 전쟁을 선포했다는 것이다.

식량안보에 위협을 받고 있는 나라는 비단 중국만이 아니다. 우리나라 또한 식량안보의 위협을 받고 있다. 지금 아무 문제 없이 잘먹고 잘산다고 하여 후세까지 그리리란 보장이 없다. 더욱이 기후변화로 인한 자연재해가 급증한 올여름의 상황을 본다면 중국뿐만 아니라 우리나라, 더 나아가 전 세계가 식량안보에 대한 대비가 필요하다. 식량안보에 대한 대비로 '음식 낭비 줄이기'는 매우 올바른 방법이다. 식량 생산이 지구온난화에 미치는 영향이 적지 않기 때문이다. 지구온난화로 인해 세계 곳곳에서 기후 이상 현상들이 나타나며 인간에 대한 지구의 반격이 시작되었지만, 지구를 위해 지금이라도 한국을 비롯하여 전 세계가 '음식 낭비 줄이기'에 동참하길 바란다.

김현주
2020. 10. 23.

4차 산업혁명, 5G 시대의 공자
근대 중국의 개혁가 강유위의 『논어』 읽기

세상을 바꾸고자 하는 자, 그 세상의 생각을 바꾸어야

강유위가 살았던 청나라 말기에는 아편전쟁 이후로 서양 사상이 물밀듯이 유입되던 시절이었다. 그런데도 당시 청나라를 움켜쥐고 있던 사람들은 새로운 사상에는 아랑곳하지 않았다. 그들에게는 공자가 있었기 때문이다.

그들이 서양의 문물을 완전히 배척했던 것은 아니다. 서양 것을 배워 서양을 이기자는 '이이제이(以夷制夷)'를 외치며 양무운동을 펼치기도 했다. 그러나 단지, 중국의 정신만은 양보하고 싶지 않았을 뿐이다. 그리고 중국 정신의 정수는 바로 공자 사상에 있다고 믿었다.

그들의 집착을 요즘 사람들은 '중체서용(中體西用)'이라며 비판한다. 공자 사상은 중국에서 몸(體)으로 여겨졌던 만큼 그들에게 포기할 수 없는 것이었다. 몸 없이 사람이 어찌 살아갈 수 있겠는가. 그런 만큼 공자와 유가 경전에 대한 해석은 함부로 바꿀 수 없는 신성불가침의 영역이었다. 그러나 강유위는 달랐다. 그는 공자에 대한 오해와 고정관념부터 바꿔야 한다고 생각했다. 그런 생각이 바로 '강유위'만의 공자를 탄생시켰다.

『논어』의 핵심은 시(時), 진화(進化), 대동(大同)

강유위는 누구인가. 그는 청나라 말기에 제도를 개혁하고자 했던 소신파들을 이끌고 유신변법을 주도한 지도자로 유명하다. 그가 쓴 『대동서』는 한글로 번역되어 한국의 대중에게 소개되기도 했다. 『대동서』는 모든 차별이 사라진 유토피아를 그린 책으로, 지금 읽어도 파격적인 내용으로 가득 차 있다. 하지만 그것만으로 강유위의 생각을 모두 알 수는 없다.

『대동서』의 사상적 토대가 되었던 것은 그보다 훨씬 전에 발표된 『논어주』, 『공자개제고』, 『신학위경고』 등의 글이다. 그런 글을 통해 강유위는 사람들이 미처 파악하지 못한 공자의 진정한 뜻, 즉 미언대의(微言大義)에 관해서 얘기했다.

특히 그의 『논어』 해석은 당시는 물론이고 오늘날의 공자 좀 안다는 이들에게 너무도 낯선 것이었다. 그것은 그가 『논어』에서 찾아낸 세 가지 포인트를 보면 알 수 있다. 그것은 바로 시(時), 진화(進化), 대동(大同)이다.

『논어』 '학이' 편에는 "학이시습지(學而時習之)"라는 구절이 나온다. 우리는 보통 그 구절을 "배우고 때때로 그것을 익힌다"라고 해석한다. 이는 송나라 때 유가경전을 집대성한 주희(朱熹)는 물론이고, 리저허우(李澤厚)와 같은 현대 학자 대부분이 따르는 해석이다. 이렇게 "학이시습지"의 '시'는 자주, 항상, 늘 등과 같은 의미로 해석된다. 『논어』의 가르침은 시대와 장소를 가리지 않고 적용되는 보편적 진리로 여겨졌기 때문이다.

강유위는 달랐다. 그는 '시'를 '시기(時機)', '시세(時勢)'로 이해했다. 순수 우리말로 풀이하면 '때'이다. 그는 때에 따라 때에 맞는 공부를 해야 한다고 생각했다. 그는 세상이 거란세에서 승평세로, 승평세에서 태평세로 진화한다고 생각했다. 즉, 거란세에는 거란세의 공부를, 승평세에는 승평세의 공부를, 태평세에는 태평세의 공부를 해야 한다고 보았다. 시대에 맞는 학문이라, 참으로 일리 있는 말이다.

『논어』 '팔일' 편에는 "공자가 말했다: 주는 (하와 상) 2대를 거울로 삼았으니, 찬란하도다. 문화여, 나는 주를 따르리라"는 문구가 있다. 강유위는 그것을 보고 공자의 도가 '문명진화'를 주장했다고 보았다. 주의 문화는 하와 상을 거울로 삼았지만, 그것의 더 발전된 버전인 것이다. 역사는 '진화'하고, 강유위에 의하면 공자도 그렇게 생각했다.

이런 생각을 가지고 있는 강유위는 『논어』의 '공야장' 편에 대해서도 남다르게 해석했다. "자공이 말하였다. '저는 다른 사람이 저에게 하라고 해서 싫은 것이면, 다른 사람에게도 하라고 하지 않습니다.' 공자가 말하였다. '사(자공)야, 네가 할 수 있는 일이 아니다.'"

보통은 "네가 할 수 있는 일이 아니다"라는 문구에 대해 자공의 수양이나 능력이 부족해서라고 해석한다. 그러나 강유위는 공자나 자공이 살던 시대는 거란세로, 세상이 혼란하던 시기이므로, 자공이 말한 도는 훌륭하지만 그 시기에는 너무 이르다는 의미로 해석하였다. 자공이 말한 도는 승평세나 태평세로 진화해서야 비로소 그것을 행할 수 있다고 보았기 때문이다. 이렇듯 강유위의 『논어』 해석은 '진화'에 초점이 맞추어져 있다.

강유위에게 있어서 '진화'는 '변화', 그것도 '좋은 변화'를 의미한다. 그런데 진화가 기정사실이라면, 그것이 역사적 법칙이라면 정치가 설 자리는 없어지게 된다. 그에게 변화는 그런 운명론이 아니라 변할 수 있다는 희망에 가깝다. 그렇다면 그는 어떤 미래를 꿈꾸었을까?

그것은 한 마디로 '대동'이다. '대동'은 중국 전통의 유토피아이다. 강유위는 『논어』의 '공야장'에 나오는 "늙은 사람은 편안하게 하고, 친구는 믿게 하고, 어린 사람은 품게 한다"라는 구절을 보고 '대동'을 떠올렸다.

공자는 자신의 부모만을 부모로 여기지 않고, 자기 자식만을 자식으로 여기지 않고, 늙으면 편안한 죽음을 맞이하고, 젊으면 힘을 쓸 수 있는 자리를 얻고, 어리면 보살펴 주는 데가 있는 세상, 대동사회를 꿈꾸었다. 이것을 강유위는 공자의 '미언대의(微言大義)'라고 보았다.

개혁가로 거듭난 '공자'

당시 지식인들은 강유위의 이 대담한 주장에 대해 공자를 모독했다고 흥분하며 그를 혼내줘야 한다고 황제에게 상소를 올렸다. 예나 지금이나 자기 생각을 솔직히 표현하려면 상당한 용기가 필요하다. 어린 시절부터 가져왔던 울분, 세상을 바꾸고 싶다는 열정이 그가 그런 용기를 내도록 했을 것이다.

물론 그의 주장은 견강부회니, 아전인수니 하는 비판을 받는다. 그러나 과연 『논어』가 의미하는 바가 무엇인지는 공자만이 알 것이다. 다들 『논어』의 해석을 통해 자신의 생각을 표현할 뿐이다. 그러므로 우리가 주목할 것은 『논어주』에 나타난 강유위의 '미언대의'이다. 그는 무엇을 말하고 싶었는가?

강유위는 중국의 정신, 공자가 바뀌어야 중국이 바뀐다고 생각한 것이다. 그렇다고 공자의 모든 것을 부정하자는 것은 아니었다. 공자가 엮은 글들 속에서 그때까지는 보지 못했던, 공자가 살았던 시절에는 먼 훗날의 일이라고 생각했던 내용들을 발굴해서 공자의 새로운 이미지를 만들어내고 싶었던 것이다. 이렇게 '개혁가로서의 공자'가 탄생하였다.

오늘날 구태의연함, 고리타분함 등으로 상징되는 공자는 읽기에 따라서 완전히 다른 모습 모습으로도 변신할 수 있다는 사실을 강유위가 보여 주었다. 공자가 잘못된 것이 아니라, 공자를 해석하는 사람들의 생각이 문제였다는 것을. 과거의 중국을 상징하는 '공자'의 이미지를 쇄신함으로써 새로운 중국을 만들 수 있는 도약점이 될 수 있다는 것을.

청나라 말기, 강하고 부유한 나라를 바라면서도 중국적인 것을 포기하지 않은 이들을 현대의 우리는 변발을 하고 양복을 걸쳐 입은 어색한 모습의 중체서용적 인물로 묘사하고 조롱한다. 그런데 그것이 어쩌면 지금 우리들의 모습일지 모른다.

우리도 지금 새로운 생각, 사상, 철학에 대해 미치광이라고, 터무니없다고 비난하면서 들으려고도 하지 않는 것은 아닌가 하고 반성해 보아야 한다. 우리의 생각이 바뀌어야 현실이 바뀐다는 것은 강유위가 보여 주었다. 그때는 못 했지만, 이제는 해야 한다. 5G, 사물인터넷, 빅데이터 등등 4차 산업혁명을 상징하는 기술의 차용만으로는 우리의 미래를 바꿀 수 없다는 것을 깨달아야 한다.

인류 최대 조사 사업, 중국 인구 조사하기
인구 대국도 피하지 못하는 인구 문제

2020년 11월 1일 0시를 기해 중국에서 제7차 인구센서스(人口普查)가 시작되었다. 이번 조사에는 700만 명 이상의 조사원이 투입되었다. 조사 대상 인원, 조사원의 숫자 등등 여러 면에서 이번 조사는 유사 이래 인류 최대의 조사 사업임이 분명하다.

건국 후 첫 번째 경제개발 5개년 계획이 시작된 1953년, 중국 정부는 상세한 인구자료를 확보할 필요가 있어 제1차 인구센서스를 실시했다. 6월 30일 24시를 기해 시작된 조사 결과에 따르면, 당시 중국의 인구는 6억 193만 8,035명이었다. 1964년 2차, 1982년 3차 등 유동적이었던 인구 조사는 1990년부터는 10년마다 한 차례 실시하는 것으로 고정됐다.

4,000년 전 중국의 인구가 1,355만?

중국 최고(最古)의 인구 통계는 기원전 21세기 무렵에 조사된 1,355만 3,923명으로 알려져 있다. 이 숫자는 삼국시대 인물인 황보밀(皇甫謐,

215~282)이 처음 제시했다. 이전의 어떤 기록에서도 언급되지 않았던 숫자가 2,300년이 지난 뒤, 아무런 근거도 없이 출현한 것이다.

중국 최초의 인구 조사에 관한 기록은 「국어(國語)」의 주어(周語) 편에 보인다. 주 선왕(宣王)대에 '요민(料民)'을 행하려 하였다는 기록이 보이는 바, '요민'은 인구 조사의 의미로 해석한다. 사실상 중국에서는 기원전 11세기부터 다양한 인구 조사가 행해졌으나, 오늘날과 같은 보편적 조사가 아닌 선별적 조사였다.

역대 중국의 인구

중국에서 첫 번째로 전국적 규모의 인구 조사가 진행된 것은 진(秦)에 이르러서이다. 당시의 조사결과는 전해지지 않는다. 진의 인구 조사는 남자의 연령을 정식으로 호적에 등록하였다는 점이 특징이다. 이는 병역제도와 밀접한 관련이 있다.

진의 제도에 따르면 남자는 23세부터 병역의 의무를 져야 했다. 임시 징병의 경우도 연령의 표준이 정해져 있었다. 명확한 연령 기록이 없다면 징병 대상을 제대로 파악하기 어려웠을 것이다. 천하통일 후 진의 인구는 약 2,000만 명으로 추정된다.

현재 확인되는 중국의 인구 통계 중 가장 오래되고 신뢰성이 높은 자료는 서기 2년의 것이다. 이때 중국 인구는 5,959만 4,978명이다. 당시 조사는 군국(郡國)이 설치된 지역에 한정되어 공간적으로 지금의 인구조사 범위와는 달랐다.

그런데도 당시의 조사대상 지역은 청대에 이르기까지 역대 중국 왕조가 행한 인구 조사의 대상 범위와 기본적으로 일치하고, 시종 중국인의 대다수가 생활하였던 지방이기도 했다. 그런 점에서 상기 통계는 중국 인구 발전의 추세와 변화의 규율을 살피는 데 있어 중요한 의거가 된다.

한 이후 현(縣) 단위의 인구 통계는 매년 상계(上計) 형식으로 중앙에 보고됐다. 전란이 빈번하고 남북이 대치했던 5호16국시대 이후 한동안 상계제도는 유명무실해졌다. 당(唐)에 이르러 각 주군(州郡)은 매년 장안(長安)에 사람을 보내 호구와 인구를 보고하였다. 이런 임무를 맡은 이를 조집사(朝集使)라 했다. 당시 조집사들이 집중적으로 참가한 조회(朝會)도 '상계'라 불렸다. 극성기 당의 인구수에 대해서는 5,000만, 7,000~8,000만, 9,000만, 심지어 1억 4,000만에 달하였다는 등 여러 설이 있다.

송대 인구 조사는 백성 전체를 대상으로 한 것이 아니라 부역(賦役) 부과 대상자들을 등록하는 선에 머물렀다. 현존 통계자료에 근거하여 추산한 북송대 인구는 1억 전후로 파악되고 있다. 남송의 경우 인구가 가장 많았던 1235년에 약 5,800만에서 6,400만 사이로 추산된다.

주원장(朱元璋)은 호적의 병폐와 정확한 조사 등록의 중요성을 잘 알고 있었다. 이에 전국을 평정하기도 전 자신의 통치범위 내에서 인구 조사를 진행하도록 했다. 호첩(戶帖)이라 불린 등록부에는 주소, 성명, 연령, 성별, 소유 토지와 건물이 기록됐다.

주원장은 1381년 10년마다 한 차례 전국적 규모의 호구 조사를 진행하도록 하였다. 조사 결과는 겉표지가 노란색인 호적부에 기재하도록 하였기에, 이를 황책(黃冊)이라 한다. 주원장(朱元璋) 재위 시의 마지막 호구 조사에 따르면 당시 인구는 약 6,000만 명에 달했다. 이보다 한 세기 전인

1293년에 원의 인구는 약 7,000만이었다.

황제도 정확히 파악할 수 없었던 백성의 숫자

명대 중엽 이후의 황책이 형식에 그치고 있음을 인식한 강희제는 1668년 황책 편정을 중지했다. 대신 매년 각 지방관아에서 경내 인구의 증감 상황을 보고하도록 하고, 3년에 한 차례 이를 심의하여 편정하도록 했다. 다만 당시의 조사는 전체 백성인 구(口)가 아니라 부역 부담자인 정(丁)을 대상으로 했다. 따라서 청대 초엽 남겨진 통계로는 당시의 전체 인구를 분명하게 파악할 수 없다.

1734년 2,735만이었던 인구가 1741년 1억 4,000만으로 급증한 것은 조사 대상이 정에서 구로 바뀌었기 때문이다. 모든 백성을 조사 대상으로 삼지는 않았기에 청의 황제들도 그가 다스리는 백성이 도대체 몇이나 되는지 정확히 알 수 없었다. 태평천국혁명운동이 발발한 1850년 당시 중국의 인구는 4억 3,000만 정도로 추산된다.

백성에게 맞아 죽은 인구조사원

1908년, 청은 통계사(統計司)를 신설하고 인구 조사를 위한 6년 계획을 수립하였으나 4년만인 1911년에 졸속으로 마무리됐다. 인구 조사가 증세(增稅)를 위한 준비 과정이라는 인식이 팽배하여 백성의 비협조가 극에 달하였기 때문이었다. 심지어 인구 조사가 '영혼을 털어가는 것'이라는 유언비어가 퍼져 조사원이 맞아 죽거나 생매장되는 일도 있었다.

비록 결과는 참담하였지만 이때의 인구조사는 중국 정부가 비로소 전면적인 인구조사의 개념과 필요성을 인식하기 시작하였다는 데서 의미를 찾을 수 있다. 청 멸망 직전인 1911년 중국의 인구는 3억 7,000만가량이었다.

중화민국시기 각종 명의와 형식으로 공포된 인구 통계는 100여 종에 달한다. 그 가운데 일부는 정부에서 공식적으로 발표한 조사 결과였다. 그러나 당시의 통계는 보편적이고 직접적인 조사 결과가 아니었다. 근 40년 가까운 기간에 전국 규모에 제대로 형식을 갖춘 인구조사가 단 한 차례도 이루어지지 않았던 것이다.

급격한 노령인구 증가는 국가적 부담

한때 중국인들은 인구대국임을 자랑스러워하였다. 풍부하면서도 저렴한 인건비가 중국을 '세계의 공장'으로 변화시킨 원동력이 되었음은 부인할 수 없다. 그러나 많은 인구는 양날의 검과 같아, 인구 문제는 중국이 풀어야 할 난제 가운데 하나가 되었다. 특히 노령인구의 급격한 증가는 국가적 부담으로 작용할 수밖에 없다.

2017년 60세 이상 노령인구는 2억 4,000만 명이었다. 2025년에는 전체 인구의 20.2%인 2억 8,300만 명이 노령인구로 분류될 것으로 예상된다. 우리의 경우도 그러하겠지만, 노령인구의 급속한 증가로 인해 연기금 고갈 등 사회문제가 심각해질 것이다.

10년 전 중국의 인구는 13억 4,000만 명에 약간 못 미쳤다. 그간의 인구증가율을 감안할 때, 이번 조사 결과는 14억 명을 넘길 것으로 보인다. 2020년 현재 중국의 인구는 얼마일지, 7차 인구센서스 결과가 궁금해진다.

하버드 출신 박사가 동사무소에 취직한 이유는

정년 보장에 목숨 거는 중국 청년들

얼마 전 하버드대 생물물리학 박사 출신의 뤄린자오(羅林姣)가 광둥(廣東)성 선전(深圳) 난산(南山)구 타오위안(桃源) 가도판사처(街道辦事處, 주민센터)로 이직하여 화제를 모은 바 있다. 그런데 '하버드 박사'가 주민센터로 이직하는, 이러한 행보를 보여 준 고학력자는 뤄린자오만이 아니다.

중국 국내 일류 대학의 부교수 한 명도 가도판사처로 자리를 옮겼다는 사실이 알려지면서 중국 각 지역의 가도판사처에서 근무하고 있는 칭화대(靑華大學), 베이징대(北京大學)의 석박사 출신이 넘쳐난다는 사실이 밝혀졌다. 이러한 현상은 '중국 고학력자들 실업 심각'이라는 타이틀로 국내 언론에 보도되기도 했는데, 이것이 과연 고학력자의 취업난만을 보여주는 문제일까?

고학력자들의 엉뚱한 선택

뤄린자오의 행보가 언론의 주목을 받은 것은 '고스펙' 때문이다. 무려

하버드 박사에다가 졸업 후에도 하버드에서 포스트닥터(post doctor) 과정을 마쳤고 귀국해서는 난징대학(南京大學) 물리학과 교수로 재직하고 있었다. 그런 그가 난징대 물리학과 교수자리를 마다하고 가도판사처로 자리를 옮긴 것이다.

뤄린자오 뿐만이 아니다. 구글 차이나에서 근무하던 장쿤웨이(張昆瑋) 역시 어느 날 갑자기 사직하고 고향의 작은 지방대학 교수로 이직 하였다. 그의 이런 행보 역시 많은 사람들의 주목을 끌었고 수많은 언론기관의 인터뷰 대상이 되었다.

언론 인터뷰 내용은 간단했다. 장쿤웨이는, 자신은 베이징에서 미래를 보지 못했다고 말했다. 베이징 지하철 연선의 아파트들은 이미 수백만, 심지어 수천만 위안으로 올랐고 그 아파트를 30년 할부로 살 경우 그는 해마다 연봉의 거의 전부를 아파트 할부에 쏟아 부어야 한다고 했다. 그렇게 살 수도 있지만 만약 어느날 갑자기 예고 없는 경기 불황이 시작된다면, 자신들은 아마 일본 거품 경제 시기의 젊은이들처럼 길바닥에 나앉고 말 것이라고 했다. 그는 세속적인 시각에서의 '성공' 기준으로 성공을 가늠하고 싶지는 않다고 했다. 떠난다는 것이 곧 도피를 의미하는 것은 아니며, 그것이 또 하나의 다른 선택일 수도 있다고 담담하게 털어 놓았다.

뤄린자오나 장쿤웨이 같은 경우는 중국 내에서 이른바 '스펙'이 높은 사람 중에서도 상위권에 속한다. 장쿤웨이는 칭화대학 '야오반(姚班)' 출신이다. 중국의 영재는 칭화로 몰리고 칭화의 수재는 '야오반'으로 모인다는, 최고의 이공계 수재들로 구성되는 '야오반'은 칭화대학 컴퓨터과학실험부의 특수한 조직이다. '야오반'은 입학 전형부터 달라서 구성원의 대부분이 중고등학교 과정에 이미 수학 올림피아드, 물리 경진대회, 정보 올림피아드 등에서 1,2등을 수상한 경력이 있는 자격자들이다. 그렇다 보니 이런 경력 없이 오직 순수한 성적으로 '야오반'에 들어가는 학생은 극히 소수다. 2018년 '야오반'의 정원은 50명이었는데 일반 전형으로 입학한 학생은 단 6명뿐이었다. '야오반'의 모든 학생에게는 대학 과정 중에 해외 연수의 기회가 주어지며, 졸업 후에는 고액 연봉이 보장되었다. 그런데 장쿤웨이가 글로벌 기업인 구글차이나를 포기하고 지방의 작은 대학으로 자리를 옮긴 것이다.

최근에는 또 중학교 교사직에 석박사 출신들이 몰려들어 화제가 된 적이 있다. 선전(深圳)의 한 공립중학교에서 2020년 졸업생을 대상으로 교사를 채용하였는데, 지원자만 3만 5,000여 명이 몰린 가운데 1차 서류전형에 합격한 491명 중 석사학위 이상의 학력자가 423명이었고 그중에 박사가 23명이었다. 베이징대와 칭화대 졸업생은 각각 6명과 5명이었다.

선전은 대도시니까 그럴 수 있다고 생각할 수도 있지만, 대도시가 아닌 일반 중고등학교에서도 베이징대, 칭화대 출신의 교사 비율이 점점 높아지고 있다. 그럼 베이징대, 칭화대가 아닌 졸업생들은 어디로 가야한단 말인가? 이것을 과연 그저 엉뚱한 선택이라고만 볼 것인가?

그래도 '벤즈(編制)'가 있는 게 좋지!

하버드 박사의 동사무소 취직, 구글차이나보다도 지방대학을 선택한 아이티 인재, 중학교 교사직에 몰리는 석박사생들, 어찌 보면 중국 고학력자들의 취업난의 일면을 보여 주는 것일 수도 있지만 그 이면을 들여다보면 그렇게 간단하지가 않다. 이들의 선택에는 모두 하나의 공통점이 있다. 그들이 선택한 자리는 모두 정년이 보장되는 자리라는 점이다.

동사무소 직원은 공무원이다. 뤼린자오는 비록 난징대학 물리학과에 재직하고 있으면서 적지 않은 논문도 함께 산출했다. 하지만 연구자의 길은 호락호락하지 않았고 그는 자신만의 연구 영역을 개척하지 못한 채 진을 빼는 중이었다. 장쿤웨이는 글로벌 기업에서 적지 않은 연봉을 받고 있었지만 늘 불안하고 안정감을 느끼지 못했다. 수많은 석박사생들이 중학교 교사직에 목을 매었던 것 또한 마찬가지 이유다. 교사직은 안정적일 뿐만 아니라 연봉 또한 나쁘지 않기 때문이다. 이러한 현재의 상황은 흥미롭게도 개혁개방 초기였던 1990년대의 상황과 완전히 반대된다.

1990년대의 화두는 단연 '샤하이(下海)'이었다. '샤하이'는 원래 어부가 고기를 잡으러 바다로 나가는 것을 뜻하는 말이었는데 1990년대의 '샤하이'는 개인사업 열풍을 지칭하는 또 다른 표현이었다. 수많은 교사가 교단을 떠났고 더 많은 공직자가 개인사업 개척을 위해 직장을 떠났다. 농촌의 젊은이들까지 너도나도 도시로 향했다. 이것이 시장경제가 몰고 온 진풍경이었고, 이는 중국사회주의 특색의 시장경제에 전에 없는 활력을 불어넣었다. 누군가는 크게 성공하였고 누군가는 다시 빈털터리가 되어 집으로 돌아갔다.

이 시기 어른들은 아이들이 공부를 열심히 하지 않으면 "너 나중에 동사무소 가서 일하고 싶어?"라고 했다. 동사무소 직원, 공무원이라는 직종은 그렇게 홀대받는 직업이었다. 그런데 불과 30년의 세월이 흐르기도 전에 상황은 완전히 역전됐다. 동사무소 직원이 이제는 하버드 박사가 마다하지 않는 자리가 된 것이다.

그래서 현재의 젊은이들은 '카오벤(考編)'에 목숨을 건다. '벤즈 시험을 본다'라는 뜻인데 말하자면 정년이 보장되는 기관에 들어가기 위한 자격시험 같은 것이다. 이를테면 한국의 공무원 시험이나 임용고시에 비견되는 시험이라고 생각하면 된다. 그래서 지금의 어른들은 다시 말한다. "그래도 벤즈가 있는 게 좋지!"

벤즈(編制)가 뭐길래?

선택에는 항상 이유가 있는 법이고 비슷비슷한 선택은 하나의 경향을 보여 주기 마련이다. 그렇다면 중국의 젊은이들은 왜 다시 공공기관 취업에 목숨을 걸고 있나? 그 첫 번째 이유는 아마도 공무원을 비롯한 공공기관 임직원에 대한 처우 개선일 것이다. 앞서 언급한 선전의 가도판사처를 비롯하여 항저우(杭州)의 일부 가도판사처에서 제시하는 연봉은 교수에 뒤지지 않는 고액이고 연봉 외에 함께 누리는 각종 혜택도 나쁘지 않았다.

반면에 교수직의 경우, 예전에는 학교에 취직이 되면 그대로 정년으로 이어지는 경우가 대부분이었지만 지금은 완전히 달라졌다. 업적 평가를 받아야 하고 국가 프로젝트를 수행해야 하는 등 각종 다양한 조건이 추가되었으며, 그 평가를 통과하지 못하면 승진도 어렵고 정년도 보장받을 수 없다. 교수직은 더는 수월한 자리가 아닌 것이다. 교사에 대한 처우는 지난 20여 년간 꾸준히 지속적으로 개선되어 왔다. 이와 같은 경제적 원인이 가장 중요한 부분이겠지만, 무엇보다도 그 핵심은 '벤즈'의 유무에 있었다.

두 번째로는 가치관의 변화를 꼽을 수 있겠다. 90년대 사람들은 개인 사업자를 선호했다. 시장경제의 논리 속에서 무엇보다 중요한 것은 경제적인 능력이었다. 그런데 이제는 경제적인 능력이 길게 보장되는 안정적인 직업을 원한다. 그것이 바로 공무원인 것이다. 이는 사람들이 공직에 관심을 두기 시작했고, 제도적인 측면이 이러한 가치관의 변화를 부추기는 면이 없지 않았음을 말해 준다. 하지만 아무리 그렇다고 하더라도 고학력자들의 관리직 진출은 자연 눈살을 찌푸리게 한다. 왜냐하면 그들의 행보는 소신에 의한 선택이 아니기 때문이다.

우리 사회가 생각하는 '인재'란 과연 무엇일까? 다시 생각해 보지 않을 수 없다!

정규식
2020. 12. 11.

포스트 코로나 시대, '보이지 않는 노동'의 죽음

한국과 중국 배달 노동자의 죽음의 질주

디지털 경제의 발전과 플랫폼 노동의 확산

지난 2020년 12월 1일, '노사발전재단'에서 주최하는 한중 온라인 학술 세미나에 토론자로 참석했다. 세미나의 큰 주제는 '포스트 코로나 시대, 한중 디지털 전환과 노동'이었다. 주제를 보면 바로 알 수 있듯이, 디지털 기술의 발전과 코로나19라는 비상 시기가 맞물린 한국과 중국에서 디지털 경제의 발전 현황과 이로 인한 노동의 변화가 어떻게 이루어지는 지를 논의하는 자리였다.

무엇보다 코로나19를 계기로 온갖 비대면(un-tact) 생활 방식이 확산되면서 새로운 형태의 불안정 노동인 '플랫폼 노동'의 문제가 한국과 중국에서 가장 시급한 노동관계 현안으로 떠오르고 있음을 확인할 수 있었다.

특히 중국의 경우에는 2020년 7월에 발표된 국가통계국 자료에 의하면 디지털 기술에 기반한 '삼신(三新, 신산업, 신업종 형태, 신사업 모델)' 경제의 부가가치 규모가 2019년 기준으로 16조 1,927억 위안(한화 약 2,759조 원)에 달한다고 한다. 이는 중국 총 GDP에서 16.3%를 차지할 정도로 높은 비중이며, 이와 연관된 플랫폼 회사 직원의 규모도 623만 명에 달한다.

일례로 전자상거래 분야의 대표 기업인 알리바바와 중국판 우버 (Uber)인 디디추싱(滴滴出行)에서 2019년에 창출한 일자리는 8,261만 개로, 플랫폼 관련 노동은 이미 신규 일자리 창출의 핵심 동력이 되었다.

이처럼 디지털 기술의 발전에 따라 중국에서도 플랫폼 노동과 같은 새로운 유형의 노동 형태가 급속도로 증가하고 있다. 그러나 이에 따른 사회적 문제도 심각한 상황이다. 특히 2017년 3~5월에 북경시 총공회의 '노동운동사와 노동보호연구실(北京市总工会工运史和劳动保护研究室)' 및 '북경시 인터넷업종 공회연합회(北京市互联网行业工会联合会)' 등이 플랫폼 노동자의 권익 현황에 관해 수행한 조사에 따르면 노동관계에서 수입의 불안정과 안전문제, 사회보험 미가입 문제, 직업의 불안정성 등이 중요한 쟁점으로 제기되었다.

한국과 마찬가지로 중국에서도 새로운 노동 형태에 대한 법제도 및 권익보호 시스템 구축, 플랫폼 노동자를 포괄할 수 있는 사회보험 체계의 수립, 플랫폼 노동에 대한 노동 감독과 쟁의 조정 및 중재 정책의 개선 등이 노동정책 관련 핵심 현안으로 부상할 것으로 보인다.

노동으로부터의 해방, 누가 어떤 노동으로부터?

디지털 기술의 발전으로 인한 플랫폼 노동의 확산은 좀 더 본질적인 측면에서 우리에게 오늘날 과연 '노동'이란 무엇인지, 그리고 새롭게 요구되는 노동 관계와 노동 윤리는 어떠해야 할 것인지를 고민하게 한다.

일찍이 한나 아렌트(Hannah Arendt)는 그의 저서 『인간의 조건』에서 과학기술의 발전이 인간조건에 심대한 영향을 미칠 것이고 주장하며, 특히 자동화가 인간을 가장 자연적이고 오래된 '노동의 구속으로부터 해방'시킬 것이라고 예견한 바 있다. 당시에 이러한 주장은 현실적으로 가능성이 없어 보이는 유토피아로 여겨졌다. 하지만 그의 주장은 20세기 후반 이후 정보통신 기술을 기반으로 한 인터넷의 확산과 정보처리 능력의 획기적인 발전에 의해 이미 '실현된 미래'로 우리에게 다가왔다.

특히 인공지능(AI), 사물인터넷(IoT), 빅데이터(Big Data) 등 디지털 기술의 급속한 발전에 따라 소위 4차 산업혁명이라고 불리는 '디지털 자본주의' 시대에 진입하면서, 산업구조(경쟁의 원천 및 방식의 변화)와 고용구조(일자리의 양적·질적 변화, 고용 형태의 변화), 그리고 생활세계(산업노동과 삶의 균형)가 근본적으로 뒤바뀌고 있다.

그러나 첨단 기술의 발전이 누구에게나 공평하게 '노동으로부터의 해방'을 가져다 주는 것은 결코 아니다. 더구나 디지털 기술이 장착된 자본의 논리는 단순한 의미로서의 '노동의 종말'이 아닌, '정상적인 고용관계'와 '안정적인 일자리', '임노동에 기초한 사회안전망'의 소멸만을 예고하고 있다.

그렇기에 디지털 자본주의 시대의 노동자는 생존을 위해 새로운 착취 구조와 노동 과정에서의 통제와 감시 및 규율화를 경험하며, 이는 또 다른 형태로 노동자를 속박하는 굴레가 되고 있다. 즉, 디지털 시대의 대표적 노동 형태인 플랫폼 노동자들은 개인의 힘과 의지로 노동으로부터의 해방을 쟁취한 것이 아니라, 독립계약자 혹은 개인사업자라는 미명하에 노동자성이 제거되는 '탈노동자화'의 벼랑에 내몰린 것이다.

플랫폼 배달업, '보이지 않는 노동자'의 죽음의 질주

이 벼랑 끝에는 코로나19의 확산으로 더욱 수요가 증폭된 배달 플랫폼 종사자, 즉 '배달 노동자' 혹은 '호출 노동자'라 불리는 이들이 있다. '일하고 싶을 때 자유롭게 일하고, 일한 만큼 수입을 보장'받는다고 선전되는 배달 플랫폼 노동자들은 오늘도 일감(call)을 얻기 위해 죽음의 질주를 한다. 이들은 임금이 아닌 건당 수수료(전국 평균 2,960.6원)를 받기 때문에 말 그대로 목숨 걸고 일한다.

실제로 박정훈 라이더유니온 노조위원장에 따르면, 2016부터 2018년까지 산재 사망사고 1위가 배달 노동자였다고 한다. 그리고 "대부분의 배달 대행 플랫폼 기업과 배달 대행사가 맺는 계약서에 콜을 받은 후 음식점까지는 15분 이내에 도착하고, 손님에게는 20분 이내에 도착해야 된다"라는 조항이 있어서 배달 시간을 맞추려고 교통법규를 위반하는 일도 허다하다고 말한다.

중국의 상황도 별반 다르지 않다. 2017년 상반기 상하이에서는 2.5일마다 한 명씩 배달 노동자가 교통사고로 숨졌고, 교통법규를 위반하는 사례도 1만 건에 달하는 것으로 집계됐다. 그러나 이들의 '예정된 사고'를 책임져 주는 법률과 기업은 어느 곳에도 존재하지 않는다. 플랫폼 기술과 자본의 결합으로 포장된 '자율적인 독립계약자'인 배달 노동자들의 '노동자로서의 권리'는 거세되었으며, 기업의 '사용자로서의 책임'도 이와 함께 사라졌기 때문이다.

더구나 2020년에 한국비정규노동단체네트워크(의장 이남신)가 실시한 배달 노동자 실태조사에 따르면 배달 노동자의 전국 평균 근무 일수는 5.7

'메이퇀와이마이(美团外卖)'와 함께 중국 온라인 배달 사업을 양분하고 있는 '바이두와이마이(百度外卖)'의 배달 노동자가 주문을 확인하고 있다. ⓒ연합뉴스

일이고, 평균 배달 시간은 9.6시간인 것으로 나타났다. 콜을 받기까지 기다리는 배달 노동자들의 대기시간과 이동시간은 어디에서도 보상받지 못한다. 그저 그림자 노동(shadow labor), 즉 보이지 않는 노동으로 취급된다.

또한 배달 노동자와 같은 플랫폼 노동자들은 디지털화한 알고리즘에 의해 통제 및 감시를 당하는데, 이러한 착취 구조는 철저히 은폐되어 있다. 잘 알려진 것처럼 근대의 노동 규율은 '테일러주의', 즉 노동자의 움직임, 동선, 작업 범위 등을 표준화하여 생산 효율성을 높이는 방식으로 발전해 왔다. 다시 말해, 측정 가능한 단위로 노동을 세분화하여, 고용주가 노동 과정을 과학적으로 감시할 수 있도록 하는 노동규율 체제인 것이다.

그런데 오늘날 배달 노동자들은 고용주가 아닌, 인공지능 알고리즘에 의해 출퇴근 시간 및 휴게 시간, 대기 지역, 배송 시간, 근무 태도 등이 실시간으로 전송되는 '디지털 판옵티콘'에 갇혀 있다. 그리고 이 자료들은 빅데이터로 저장되어 점수로 매겨진다. 이렇게 배달 노동자들은 호출 배제나 감소 등의 각종 불이익을 받지 않으려고 비대면 형태의 착취 구조와 노동 과정에서의 통제 및 규율화에 잠식되고 있다.

이처럼 디지털 기술의 발전에 따른 '노동으로부터의 해방'이라는 장밋빛 환상은 이미 수많은 플랫폼 노동자의 핏빛 죽음으로 더욱더 붉게 물들어가고 있다. 포스트 코로나 시대, '보이지 않는 노동의 죽음'을 막기 위한 사회적 대안 마련에 우리 삶과 노동의 미래가 달려 있다고 해도 과언은 아니다.

신금미
2021. 1. 4.

코로나로 면세업계 바닥 쳤는데…
중국 하이난은 '고공행진'

전대 미문 코로나, 경제위기 극복도 과감해야

2020년 경자년이 가고, 2021년 신축년 새해가 밝았다. 전 세계 많은 이에게 2020년은 코로나로 인해 슬픔, 고통, 고난 등으로 기억되는, 잃어 버린 한 해일 것이다. 2021년은 코로나 19에서 벗어나 평범했던 우리의 일 상으로 돌아가길 기원하는 새해가 아닐까 싶다.

그리고 각국 정부에 2021년은 2020년과 같이 코로나19로 인해 초래 된 경제 위기에서 벗어나고자 애쓰는, 그 어떤 해보다 정부가 구상하여 실 시하는 정책 하나하나가 매우 중요하게 다가오는, 부담스러운 한 해가 되 지 않을까 한다.

위기 극복을 위해 과감한 정책이 필요

2020년 코로나 19로 인해 각국의 많은 산업이 큰 타격을 받았다. 면 세산업도 그중 하나이다. 국가 간 이동 및 관광이 어려워지면서 면세산업 이 받은 타격이 크다. 하지만 이런 어려움 속에서도 홀로 성장세를 보이는

2019년 6월, 중국 하이난성의 시내 면세점인 '싼야국제면세성(cdf몰)'에 있는 화장품 매장 입구에서 중국인 고객들이 줄을 서 입장을 기다리고 있다. ⓒ연합뉴스

곳이 있으니, 바로 중국 하이난성(海南省)의 면세산업이다.

수치를 통해 하이난성 면세산업의 성장세를 살펴보면, 2019년 하이난성 면세산업의 매출액 규모는 136억 위안이다. 하지만 코로나19가 발발한 2020년 면세산업 매출액의 규모는 12월 25일 기준 315억 8,000만 위안을 기록했고, 연말 기준 약 320억 위안을 달성할 것으로 예상된다. 이는 2019년 대비 235% 증가한 수치로, 2020년 면세품 구매자 수가 340만 명으로 2019년 대비 384만 명 감소했음에도 불구하고 매출액 규모는 2배 이상 성장했다.

면세품 구매자 수가 대폭 감소했다는 것은 분명 하이난성 역시 코로나19의 영향을 받았음을 의미한다고 볼 수 있다. 하지만 구매자 수가 대폭 감소했음에도 매출액 규모가 대폭 증가한 것은 바로 하이난성이 실시한 리다오(离岛) 면세 정책 덕분이다. 리다오 면세는 일종의 국내선 면세로 하이난성의 국내선을 이용하는 내·외국인이 이용하는 면세를 뜻한다.

하이난성은 동양의 하와이라고 불리는 중국의 대표적인 휴양 섬으로 1988년 4월 당시 최고지도자인 덩샤오핑(邓小平)에 의해 경제특구로 지정됐다. 그 후 30년이 지난 2018년 4월, 시진핑(习近平) 국가주석에 의해 자유무역항으로 지정됐다. 자유무역항이란 화물, 자본, 인력이 자유롭게 출입할 수 있으며, 대부분의 화물에 관세가 면제되는 등 세계에서 가장 개방적인 경제구역이다.

하이난성을 세계 제일의 자유무역항으로 키우는 것은 시진핑 주석이 중요하게 추진하는 사업 중 하나이다. 따라서 리다오 면세 정책은 세계 제일의 자유무역항을 키우려는 작업 중 하나라고 볼 수 있다.

하이난성에서는 면세산업을 키우기 위해 일찍이 준비를 해 왔고, 여기에 자유무역항으로 지정되기까지 하면서 중앙정부의 지원에 힘입어 성장세를 보이고 있다. 하이난성은 2011년 1인당 면세한도를 5,000위안에서 8,000위안으로 확대했고, 2015년 면세점 이용 자격 기준을 18세 이상에서 16세 이상으로 하향 조정했으며, 2016년에는 1인당 면세한도를 8,000위안에서 1만 6,000위안으로 높였다. 이어 자유무역항으로 지정된 2018년에는 1만 6,000위안에서 3만 위안으로, 코로나19가 발발한 2020년에는 3만 위안에서 10만 위안으로 한도를 높였다.

더불어 하이난성을 떠나 중국 내륙으로 돌아간 16세 이상 여행객의 경우 면세 한도가 남아 있다면 180일 이내에 온라인 면세점 사이트를 통해 면세품 쇼핑이 가능하도록 조치했다. 그뿐만 아니라 면세 품목 또한 대폭 확대했다.

이러한 과감한 정책에 힘입어 2020년 하이난성의 면세산업 매출 규모는 전년 대비 2배 이상 성장하면서 지역경제 역시 활기를 띠고 있다. 이는 경제 위기 속 정부의 과감한 정책이 산업은 물론 지역경제 활성화에 얼마나 도움이 되는지를 보여 준다.

위기 극복을 위한 과감한 정책, 중앙정부의 지속적인 관심이 필요

2020년 12월 23일, 중국의 최고 권력기관인 공산당 중앙정치국 상임위원회 7인의 위원 중 한 명인 한정(韓正) 국무원 부총리가 베이징(北京)에서 "하이난 전면적 개혁개방 심화 고위급 TF 전체회의"를 개최했다.

이 자리에는 후춘화(胡春华) 국무원 부총리, 허리펑(何立峰) 국가개혁발전위원회 주임 등 다수 중앙부처 관계자 및 전문가들이 참석하여 하이난성의 리다오 면세 관련 신규 정책과 일부 수입상품의 제로 관세화, 14차 5개년 규획에 담을 하이난성의 전면적인 개혁개방 촉진을 위한 계획 등을 논의했다.

시진핑 주석은 2020년 5월부터 경제 전략으로 쌍순환(双循环) 발전 전략을 내세우고 있다. 쌍순환은 코로나19와 미국과의 무역 전쟁으로 수출이 어려우니 내수시장을 잘 키워, 그 내수시장을 중심으로 해외시장까지 발전시키겠다는 전략이다. 이에 맞춰 하이난성의 리다오 면세 정책은 더욱 과감해질 것으로 보인다.

이처럼 하이난성의 리다오 면세정책은 중앙정부의 지속적인 관심과 지원하에 만들어진 것으로, 만약 중앙정부의 관심과 지원이 없었다면 코로나19라는 위기 가운데 전년대비 매출액이 2배에 달하는 성과를 거두지 못했을 것이다.

중국이 위기 가운데 과감한 정책을 통해 하이난성의 면세산업에 활기를 불어넣었듯이, 또 2008년 글로벌 금융 위기로 인해 위기에 처했던 미국이 그동안 실시해 오던 확장적인 통화 정책이나 확장적인 재정 정책이 아닌 이전에 없던 양적 완화라는 새로운 카드를 통해 위기에서 벗어날 수 있었듯이, 2021년 코로나19로 인해 경제 위기에 처한 각국이 그 위기를 극복하려면 과거에 보지 못한 과감한 정책이 필요할 것이다.

그리고 위기 극복을 위해 중앙정부이든 지방정부이든 모두 과감한 정책을 펼쳐야 할 것이다. 우선 지역경제를 살리기 위한 지방정부의 과감한 정책 시행을 위해서 중앙정부의 지속적인 관심과 지원이 수반되어야 한다.

2부

한중관계의 한계와 기회, 차이와 혐오를 넘어서

01 김구가 위기에서 벗어날 수 있었던 이유

02 100년 전 간도에서 벌어진 학살의 '광풍'

03 코리안 게이머는 왜 "타이완 넘버원"을 외치는가

04 중국과 한국에서 '페미니즘-하기'

05 원조 '한류'는 중국인들의 '영화 황제', 독립운동가 김염

06 코로나19 위기, 한중 협력으로 해답 찾아야

07 1930년대 중국을 보는 또 다른 키워드, 아편과 혁명

08 전북 지역에 남아 있는 중국의 그림자

09 중국에서 '찬란한 빛'으로 되살아난 전태일

10 코로나19 시대, 한중 경제의 구원 투수는?

11 한반도의 4년제 대학에 처음으로 부임한 중국인 교환 교수

12 청산리 전투의 숨은 주역, 김훈

PANDEMIC
PANDEMIC

김구가 위기에서 벗어날 수 있었던 이유

음수사원, 한중우의를 논하다

2016년 항저우에서 개최된 회의에서 시진핑 주석은 '음수사원(飲水思源)'이라는 글귀를 박근혜 전 대통령에게 전했다. 뜻은 '물을 마실 때 그 근원을 생각하라'라는 것이다. 좀 더 풀이하면 '모든 사물에는 그 원인이 있고 그것을 깊이 생각해야만 본질을 알 수 있다'라는 뜻이다.

2016년 당시는 한중 간 풀어야 할 국제 정세가 만만치 않았다. 언론에서는 사드 배치에 대한 불만의 표시로 중국에서 음수사원을 언급하였다고 평가하였다. 그런데 음수사원은 한국 독립운동이 중국에서 전개되었을 당시에는 또 다른 의미를 지니고 있었다.

대한민국 임시정부, 위기에 처하다

1932년 4월 29일, 중국 상하이 훙커우공원에서 24세의 한국 청년 윤봉길 의사는 제국 일본의 침략주의자인 시라가와 요시노리(白川義則) 등을 처단한, 이른바 '훙커우 의거'를 단행했다. 일본 영사경찰과 프랑스 경찰은 '범인'의 배후를 색출하려고 상하이 대한민국 임시정부 요인들을 체포하는 데 혈안이었다.

이때 안타깝게도 도산 안창호가 체포되고 만다. 다행히 백범 김구는 엄항섭, 안공근, 김철과 함께 피치 목사의 도움으로 그의 집에 피신하였다. 피치 목사의 부인 제럴린의 회고록을 통해 당시 상황을 알아 보겠다.

> 우리가 알고 있던 안공근이 애시모어에게 와서 말했다. "우리가 어디로 가면 될까요. 우리는 지금 집에 머물 엄두를 못 냅니다. 김구 주석을 포함해 임시정부 사람 네 명이 있습니다." 내 남편이 말했다. "우리 집으로 오십시오. 네 분을 위한 방을 마련할 수 있습니다." 그리하여 그들은 우리 집 2층으로 들어왔고, 우리의 중국인 요리사가 그들을 위해 음식을 준비했으며, 그들은 28일간 머물렀다.

의거 다음 날인 4월 30일, 김구는 피치 목사 부부에게 사건 전모를 이야기했다. 애시모어는 김구 일행이 자신의 집에 피신하고 있는 동안 안창호의 체포 소식을 듣고 프랑스 언론인, 지식인들과 접촉하면서 프랑스 당국의 일제에 대한 협조와 체포 과정의 불법성을 규탄했다. 그는 프랑스가 일제에 협조하는 것을 공화정 이전의 왕조시대로 다시 돌아가는 짓이라고 비난했고, 안창호 체포에 대한 항의 서한을 프랑스 조계의 경찰서장에게 보내기도 하였다.

중국에서도 안창호의 체포와 관련해서 석방을 위한 활동이 백방으로 전개되었다. 특히 쑨원(孫文)의 부인 쑹칭링(宋慶齡)은 제19로군 사령관 장즈중(張治仲)과 차이팅가이(蔡廷鍇)에게 미화 2,000달러를 마련하게 하고 프랑스 경찰 당국과 교섭을 추진했다. 이때 상하이 진단대학교 교수였던 한국인 신국권이 중간에서 메신저로 활동하기도 했다. 비록 도산 구명 작전은 실패했지만, 중국인들의 진정성 있는 전략은 그 후에도 지속되었다.

프랑스 조계에서도 대대적인 검거 열풍이 불자, 상하이 한인사회가 동요하였고 백범은 피치 목사 집에서 훙커우 의거의 진상을 발표했다. 그는 더는 상하이에서 활동하기 어렵다고 판단하여 중국 측 고위 인사들과 접촉하기 시작했다. 그 중간에 남파 박찬익이 있었다.

> 상해에서 중대 사건이 발생한 것을 알고 남경에 있던 남파 박찬익 형이 상해로 옮겨 와서 중국 인사들과 접촉한 결과, 우리는 물질상으로만이 아니라 여타 방면에서도 중국 측으로부터 많은 편의를 제공받았다. 나는 낮에는 전화로 잡혀간 동포의 가족들을 위로하고 밤에는 안공근, 엄항섭, 박찬익 등의 동지가 출동하여 체포된 가족들의 구제와 그와 관련한 교섭작업을 진행하였다.
> 그러던 중 중국의 유명인사인 인주푸(殷鑄夫), 주칭란(朱慶蘭), 차량자오(査良釗) 등의 면회 요구에 응하기 위하여 야간에 자동차를 타고 홍구 방면과 정안사로 방면으로 돌아다녔다. 평일에는 한 걸음도 조계 밖으로 나다니지 않던 나의 행동거지로 볼 때, 그것은 일대 변동이 아닐 수 없었다.

일본 경찰은 김구를 체포하는 데 혈안이 되어 현상금 60만 원을 내걸었다. 일본 경찰의 감시망을 벗어난 김구는 당시 장쑤성(江蘇省) 주석이던 천궈푸(陳果夫)와 자싱(嘉興)의 유력자인 추푸청(褚輔成)의 도움으로 저장성(浙江省) 자싱에 무사히 도착할 수 있었다. 추푸청은 신해혁명 후 저장성 군정부의 민정장을 역임하였으며, 1932년 당시에는 상하이 법학원장과 항일구원회 회장이었다. 김구가 피신한 수륜사창은 추씨 집안에서 대대로 운영해 오던 면사 공장인데 세계 대공황으로 폐쇄된 상태였다.

자싱으로 피신한 김구는 추푸청의 양아들인 천퉁성(陳桐生)의 별채에 머무르게 되었다. 이곳은 수륜사창과 강을 사이에 두고 마주 보는 2층의 목조주택이었다. 김구가 침실로 사용한 2층 방 한쪽 구석에는 긴급한 경우 사용할 수 있도록 비상 탈출구가 만들어져 있었다. 비상탈출구를 통하면 배 한 척이 나오는데 이곳의 지형적 특성을 이용하여 위험한 상황에서 재빠르게 벗어나기 위한 방안이었다.

석오 이동녕, 김의한 일가 등 임시정부 요인들은 윤봉길 의거 직후 자싱으로 피신했다. 김구보다 2주 정도 앞서 자싱에 도착한 이들은 추푸청의 아들 추펑장(褚鳳章)의 집에 머물렀다. 김구의 피난처에서 200미터 떨어진 곳에 이동녕, 박찬익, 엄항섭, 김의한과 그들의 가족이 2년간 머물렀다. 그리고 김구의 어머니인 곽낙원과 두 아들도 본국에서 자싱으로 와서 이들과 함께 생활하였다.

현재 자싱 백범 김구 피난처와 임시정부 요인들의 거주지는 자싱시에서 잘 정비하여 전시관으로 사용하고 있다. 자싱시 남문 매만가 76호는 천퉁성의 주택으로 청나라 말기에 지은 복도식 6칸 양식의 2층 건물이다.

2000년 자싱시 정부는 당시 피난처를 시급문물보호기관으로 지정했고, 2005년에는 전면 수리·복원했으며 현재는 저장성 성급문물보호기관으로 지정했다. 이동녕, 김의한, 엄항섭 등 임시정부 요인들과 가족들은 자싱 일휘교 17호에 거주하였다. 임시정부 요인들의 거주지 역시 중국 측의 적극적인 배려로 마련된 것이다. 일휘교 17호는 청조 말기 정원식 네 칸 이층집이고, 건축 면적은 260평방미터이다. 중국 내 사적지들이 대부분 그러하듯 자싱의 대한민국임시정부 관련 사적지 역시 한중 수교 이후 본격적으로 빛을 보게 된 것이다.

하이옌 자이칭 별장에 있는 한중우의 기념비 ©김주용

자싱을 떠나 하이옌으로

일본은 김구를 체포하려고 상하이와 항저우 철로를 수색했다. 자싱은 철로의 중간 지점이어서 일본 경찰이 파견됐다. 당시 김구는 중국 경찰의 의심을 받기도 했다. 심지어 자싱 보안대에서 취조를 받는 일이 발생하기도 했다.

다행히 그는 천퉁성의 보증을 받고 풀려났지만, 이후 신분 노출의 위험을 줄이고자 주아이바오(朱愛寶)라는 여자 뱃사공과 함께 지내기도 했다. 하지만 일본 경찰의 감시망이 좁혀 온다고 판단하여 다른 곳으로 거처를 옮겨야 했다. 바로 하이옌(海鹽)이다. 하이옌은 추펑창의 부인 주지아루이의 친정집이 있는 곳이었다.

김구는 윤선을 타고 자싱을 떠나 하이엔으로 가서 주지아루이 집안의 별장인 자이칭(載靑) 별장에서 6개월 간 생활했다. 김구는 1932년 7월 주지아루이의 친정집에서 하룻밤을 묵고 바로 자이칭 별장으로 향했다. 주지아루이는 김구와 기꺼이 그 길을 동행했다.

김구는 주지아루이에 대한 고마운 마음을 활동사진에 남기는 한편, "우리 국가가 독립이 된다면, 우리 자손이나 동포 누가 주 부인의 용감성과 친절을 흠모하고 존경치 않으리오"라는 기록을 남기기도 했다. 하이엔에서 김구는 6개월 동안 중국의 산천을 제대로 음미할 수 있었다.

그러던 중 송병조와 차리석은 임시정부의 존폐 기로에서 임시정부를 이끌었다. 김구는 더는 하이엔에 머물 수 없다고 여겨 다시 항저우로 건너왔고, 새롭게 국무위원을 임명하며 대한민국 임시정부의 조직을 강화했다.

한중우호를 말하다

1992년 한중수교 이후 김구의 아들 김신은 하이엔을 방문하여 중국인들에게 고마움을 전했고 1996년 자이칭별장을 보수하여 정식으로 대외에 개방했다. 이때 김신은 '음수사원 한중우의'라는 네 글자를 방문 기념으로 남겼다. 어려움 속에서도 우의를 도모했던 한중관계를 잊지 않겠다는 의미이며, 또 고마움의 표시이기도 하다.

지금도 김구와 주지아루이가 걸어갔던 길에는 '김구소도(金九小道)'라는 기념 표지석이 설치되어 있다. 이 길을 걷다 보면 누구라도 김구를 도와주었던 중국인들의 우정을 조금이나마 느낄 수 있을 것이다.

김주용
2020. 2. 21.

100년 전 간도에서 벌어진 학살의 '광풍'

중국인이 바라본 '경신참변'

훈춘사건을 조작하다, 보복의 그림자

2020년 올해는 기념할 일이 많다. 한국 독립운동사에서 가장 큰 전과를 올렸던 봉오동, 청산리 전투 100주년이 되는 해이다. 하지만 1920년 10월 서간도, 북간도에 몰아쳤던 학살의 광풍을 기억하고 기념하는 행사는 별로 알려지지 않았다.

제국주의 일본은 3.1운동 이후 만주 지역에 우후죽순처럼 생겨난 한국 독립운동 단체의 활동을 저지하고자 '독립군 토벌' 계획을 추진하였다. 우선 봉천 군벌인 장쭤린(張作霖)과의 회의를 통하여 계획의 골격을 세웠다. 1920년 5월부터 8월 사이에 조선총독부, 조선군사령관, 관동군사령부, 시베리아파견군, 봉천총영사 등이 3회에 걸쳐 봉천회의를 개최하고, 반일 무장 단체에 대한 탄압 대책을 강구하였다. 이러한 과정에서 8월 경성회의를 개최하여 일본과 중국의 합동 토벌을 적극적으로 추진키로 결의함으로써 '독립군 토벌' 계획이 완성되었다.

1920년 9월 12일, 마적 완순(萬順)이라는 자가 주동이 되어 훈춘현성을 습격하였다. 이를 제1차 훈춘사건이라고 한다. 이때 마적단은 훈춘에 있는 중국 경찰서, 육군 병영, 헌병대 병영, 현공서를 습격하고 감옥에 있는 범법자 30여 명도 석방하였다. 이때 한인들은 큰 피해를 입었다. 한인 상점 15개소가 약탈당하고 6명이 납치되었다.

이 사건이 수습되기도 전에 10월 2일 제2차 훈춘사건이 발생하였다. 마적단 전둥(鎭東)이 일본영사관을 습격하였다. 이 사건으로 일본인이 살해되었으며, 중국인과 한인 150여 명이 납치당했다. 하지만 이 훈춘사건은 제국주의 일본이 조작한 것이다. 그들은 대규모 군대를 바로 파견하려고 자국민의 희생을 감수하면서 마적을 매수하였다.

1920년 10월 중순 제국주의 일본은 마적단 토벌과 자국민을 보호한다는 구실로 대규모의 병력을 간도에 파견하였다. 하지만 일제가 군대를 파견한 실질적인 목적은 간도 지역에 대한 확고한 세력 부식과 동시에 항일독립군에 대한 철저한 탄압이었다. 일제는 함경북도 나남에 주둔하고 있던 제19사단을 출병하여 간도에 거주하는 이주 한인에 대한 야만스러운 탄압을 전개하였다.

중국 신문이 보도한 '경신참변의 서막'

후난성 창사(長沙)에서 발간된 《대공보》에서는 일제가 간도에 출병하는 명분 가운데 하나를 '현지 주민의 요청' 때문이라고 보도하였다.

간도 정보에 의하면 천보산 방면에는 반역적인 생각을 하는 조선인의 횡포가 심하고 다시 습격당해서 민심이 매우 흔들리고 있다는 소식을 계속 전했다. 중국 측은 수비대와 경찰력이 부족해서 결국 토벌할 힘이 없었다. 일본 거주민 가운데 지방을 향해 피난 가는 사람이 있었는데 광산회사 대표가 일본에 군대를 파견해 달라고 요청했다.

《대공보》1920년 10월 17일자, 「琿春事後之雜迅」

《대공보》가 정보를 받아서 보도하는 상황에서 구체적으로 간도 정보 제공자의 주체를 밝히기는 어렵지만, 일본이 제공한 정보를 받은 것으로 생각된다. 그뿐만 아니라 《대공보》는 동경 전보를 인용하여 일본의 군대 출병 상황을 생생하게 보도하고 있다. 1920년 10월 7일 새벽녘에 회령에서 출발하여, 그날 밤 윤동주의 고향인 용정촌에 출병 군대가 거주하고 있다는 보도였다.

간도 지역에 군대를 출병하려는 사전 작업이 훈춘사건의 조작이라면, 출병으로 인한 한인사회 통제의 표본은 일본 사령부의 포고문이었다. 1920년 10월 18일, 일본군 사령부 명의의 포고문은 간도 출병이 훈춘사건과 연계해서 불가피하게 진행되었다는 점을 선전하는 데 주요한 목적으로 활용되었다. 《대공보》는 훈춘 지역에 게재된 포고문의 내용을 실으면서 일본 병사들이 지속적으로 중국 땅에 들어오는 상황을 보도하였다. 다음은 포고문의 내용이다.

우리는 중국의 주권을 존중하며 국민의 권리를 절대 범하지 않을 것이라고 맹세한다. 우리들의 목적은 중국 정부 및 군대와 연합하여 진행하고 서로 도우면서 중국 전 국민의 행복을 바라는 것이다. 우리 군은 중국 관병과 함께 마적을 소탕하기를 원한다. 마적을 소탕하여 중국 인민의 복리를 증진하는 데 노력하니 진심을 다해 우리 군을 돕기 바란다.

간도 출병의 원인을 훈춘사건에서 찾고 있다는 것은 이미 일본이 줄기차게 선전하였던 것이다. 그런데 여기서 한발 더 나아가 군대를 파견하는 목적이 중국 국민의 행복을 바라는 것으로 설정되었다. 베이징 정부와 협의를 지속적으로 추진했지만, 실질적으로 일제는 자국 교민을 보호한다는 구실로 이미 간도지역 각 지방에 주둔한 것이다.

그뿐만 아니라 일제가 주둔군이 아닌 점령군으로 행세하면서 중국 관리의 입장을 전혀 반영하지 않고 임의로 이주 한인을 조사하고 단속한 사실도 보도되었다. 일제는 한발 더 나아가 조선군 사령관 명의로 다음과 같은 포고문을 게시하여 이중적 태도를 견지하였다. 바로 강력한 탄압과 적절한 당근, 그것이었다.

포고문에 대해서 《대공보》는 일본인의 이중성을 간파했으며, 베이징 거주 외국인의 말을 인용해서 일본군의 이번 침략이 중일전쟁의 도화선이 될지도 모른다며 경각심을 일깨웠다. 이 시점부터 《대공보》는 훈춘사건과 간도 침략에 대한 중국의 대응을 본격적으로 언급하였다.

그 대안으로 먼저 중앙정부 차원에서 간도 일대를 세계 여러 나라의 주재원이 상주할 수 있을 정도의 개방도시로 바꾸고 길회철도를 시급히 개통하여 그 관리권을 중국이 장악해야 한다고 주장하였다. 물론 전자는 현실적인 어려움이 있지만, 길회철도 문제는 반드시 해결하여 일본 세력의 진출을 더는 방관해서는 안 된다고 보도하였다.

제노사이드를 고발하다

1920년 10월에 불어 닥친 이른바 '간도 출병'의 광풍은 북간도뿐만 아니라 만주 전역의 한인에게 피해를 주었다. 하지만 중국으로서는 한인들이 입은 피해보다도 자기 영토에서 자행되는 일제의 대륙 침략의 실상이 더 큰 위협으로 느꼈다. 이는 두말할 필요가 없다. 일제가 훈춘사건을 조작하여 대규모의 병력을 간도 지방에 허락한 것은 주권국가 중국으로서는 치욕 중의 치욕이었다. 그만큼 폐해도 컸다.

《대공보》 1920년 10월 28일자에는 처음으로 한인 희생자에 대한 기사가 보도되었다. 한인 여덟 명이 숨졌으며, 훈춘 대황구에서 세 명이 총살되었다는 것이다. 화룡현 동명학교에 대한 탄압도 보도하였다. 일본군이 학교장과 교사 및 학생들을 모아 놓고, 교사를 전소시켰으며 부근에 있던 12가구도 불태웠다.

일본 군대의 만행은 여기서 그치지 않았다. 귀화 한인들을 상대로 국적 변경을 요구하였으며, 그 강도는 중국 관리들의 범위를 넘어섰다. 한인들이 일본 국적에 귀화한 수는 4,603명에 달하였으며, 이 가운데 상당수는 이미 중국에 입적한 귀화 한인이었다.

더욱이 수천 명의 이주 한인을 학살하였다고 한다. 예를 들면 일본군은 용정 장암동(일명 노루바위골)에서 40여 명을 학살하고 그 시신을 한데 모아 불을 질러 두 번의 학살을 자행하였다. 지금 장암동에는 그 기념 묘역이 조성되어 있다.

중국인들은 산동사건 못지않은 경신참변을 보면서 베이징 정부가 이를 인식하여 세계조사위원회를 조직하고 중국의 주권이 더는 침해받지

용정 장암동에 있는 한인들의 기념 묘역 ⓒ김주용

않게끔 조치를 취해야 한다고 목소리를 높였다. 아마도 일제가 베이징 정부의 어떠한 건의도 받지 않는 당시의 상황에서 중국인들은 이 사실을 국제연맹에 알리고 중국의 주권보호를 호소하는 것이 최선이라고 판단한 듯하다. 하지만 현실은 그렇지 않았다. 제국 일본의 군대는 1921년 5월까지 중국 땅을 점유했다.

독립운동가를 학살하고 이주 한인사회를 초토화했던 제국 일본은 그로부터 꼭 10년 뒤인 1931년 9월에 만주를 집어삼킬, 이른바 만주사변(9.18)을 일으켰다. '제노사이드', 인류가 가장 경계해야 할 범죄이다. 경신참변이 일어난 지 100년, 한국인이라면 100년 전 간도에서 벌어졌던 학살의 광풍을 꼭 기억해야 할 것이다.

이용범
2020. 4. 10.

코리안 게이머는
왜 "타이완 넘버원"을 외치는가
내 안의 흑백논리가 외부를 보게 될 때

사이버 공간의 전장에서 총격전을 벌이던 두 사람이 치열한 총격전 끝에 하나는 죽고 하나는 살아남았다. ID로 미루어 짐작하건대, 조롱의 의미든 아니면 도발의 의미든 둘 중 하나는 중국인이고 하나는 한국인이다. 생사가 갈린 뒤, 한국 게이머는 중국 게이머에게 조롱 혹은 도발의 의미로 다음의 문장을 타이핑해 전송한다. "TAIWAN NO.1!" 이 메시지가 조롱을 의도하든 도발을 의도하든 메시지 속 문장은 한국의 10~20대 남성들 사이에서 비교적 널리 알려진 유행어 중 하나다. 유튜브나 인터넷 게시판에서 손쉽게 이런 댓글을 남기고 뿌듯해하는 그들의 모습을 심심찮게 볼 수 있다. 그런데….

도발의 기대 효과?

왜 "타이완 넘버원"이 중국 국적의 게이머를 도발하는 멘트로 사용된 것일까?

한국의 인터넷게임 환경은 대개 부모의 감시와 사회의 규제가 닿지 않는 10대와 20대 남자 또래집단의 공간에서 비롯되었다. 세계적으로 높은 수준의 스트레스를 받는 한국의 청소년, 그들의 강한 승부욕이 익명성을 만나 폭력적인 언어들을 해방시킨다. 상대에 대한 조롱은 물론이거니와 같은 편에 대한 비난, 각종 '패드립'이 난무하는 공간이 한국의 온라인 게임 공간이다.

언젠가부터 이 공간에 등장한 "타이완 넘버원"이라는 말. 이 발언에는 상대방에게 타격을 줄 것이라는 기대가 내재되어 있다. 다시 말하면, 이 표현을 통해 상대방의 기분을 나쁘게 만들어 자신의 즐거움을 찾겠다는 것이다.

필자는 "타이완 넘버원"이라는 말을 처음 목격했을 때, 정말 뜬금없다고 생각했다. 이해가 되지 않았다. 필자는 중국에서 1년 이상 거주했고, 타이완의 책을 한국어로 번역한 적도 있었지만 도통 알 수가 없었다. 이해가 되지 않는 것은 중국 게이머들도 마찬가지이다. 일부 유튜버들이 애써 포장했지만 중국 게이머들의 반응은 열렬하다고 말할 수 없는 수준이었다.

주변의 중국 국적의 친구들에게도 물어보았다. "타이완 넘버원"이라는 말을 들었을 때 무슨 생각이 드느냐고. 대체로는 비슷했다. 별 감흥이 없다는 것이 중론이었다.

양안관계(兩岸關係)는 분단 체제와 다른 것이다

그렇다면 이제는 시각을 안으로 돌려 보아야 한다. "타이완 넘버원"

이라는 발언으로 중국인을 짜증 나게 만들 수 있다고 생각한 한국인의 머릿속을 살펴보아야 한다는 말이다. 한국인들은 중국을, 그리고 타이완을 얼마나 알고 있을까? 양안관계(兩岸關係)에 대해 얼마나 알고 있을까?

냉정하게 가늠해 보건대 세계 2위 경제대국으로 자리매김한 중국에 대한 한국인들의 이해는 아직도 한중수교 이전에 머물러 있는 경우가 많다. 타이완에 대한 한국인의 이해는 더더욱 낮다. 어쩌면 한국에서는 타이완에 대해 "중국말을 쓰는 일본"이라고 말하는 것이 상당히 세련된 수준이라고 말할 수 있다.

오늘날 타이완이 중화민국의 정체성을 추구한다고 보기는 어렵다. 소국과민(小國寡民)임에도 불구하고 타이완의 다민족·다문화적 다양성은 주변국에 비해 매우 두드러진다. 단일민족국가로 자기정체성을 만들어온 한국과 일본, 그리고 한족이 압도적인 중국에 비해서 말이다. 타이완은 역사적으로도 17세기 정성공(鄭成功), 스페인과 네덜란드의 점령, 일본의 식민지, 국부천대(國府遷臺)와 같은 굵직굵직한 사건들을 겪었다. 장기 역사 속에서 타이완인들은 다양한 언어, 문화적 차이의 공존을 추구하는 토대를 만들어왔다.

사실, 이러한 내용은 한국의 정규 교육과정에는 빠져 있는 것들이다. 한국의 중고등학교 교육과정은 주변국의 역사에 대해 매우 소홀하게 다룬다. 한국사의 거대한 흐름 속에서 침략자로서만 존재하는 중국과 일본은 싸워서 이기고 극복해야 할 대상일 따름이다. 상호 교류와 우호 친선의 역사는 교과서에서 찾아보기 어렵다. 물론, 한국만을 탓할 계제는 아니라는 점도 덧붙여 둔다.

현재 타이완에 대한 한국의 이해는 기본적으로 냉전체제 초기, 특히

113

미국 중심적 시각으로부터 연원하였다. '자유중국'이라는 표현이 말해주듯이 한국인들은 '자유진영'에서 결정된 세계질서의 일부로서 타이완을 중국 대표로 받아들였다. 타이완이 중국을 대표하던 시기, 한국인의 머릿속에서 중국 대륙은 완전히 지워져 있었다. 중화인민공화국이 UN에서 지위를 회복한 때가 1971년이지만, 한국은 1992년 한중수교 이전까지 '중화민국'을 중국으로 인정했다. 그리하여 한국에서의 중국은, 다시 말해 '자유중국', 그리고 '죽의 장막' 너머의 중국 모두 현실정치의 맥락은 삭제된 채 고전문학의 고아한 이미지만으로 애매모호하게 존재하였다.

그 결과 한국에서는 양안관계의 기원과 역사적 변화의 흐름이 좀처럼 이해되지 못했다. 이해되지 못했을뿐더러, 냉전기에 형성된 이미지들을 극복할 만한 뚜렷한 갱신도 이루어지지 않았다. 냉전체제는 여전히 한국인의 심상지리를 결정하는 가장 주요한 기준인 것이다.

결국 한국인이 이해하는 양안관계는 냉전적 사고에서 비롯된 것이고, 그것은 한반도의 분단에 양안관계를 그대로 치환하여 이해하는 형태로 뒤틀리게 되는 것이다. 물론 잘 알지 못하는 대상을 포착하는 가장 손쉬운 방법은 자신이 기존에 알고 있는 체계에 맞추어 이해하는 것이다. 쉽고 빠른 방법이기도 하지만 그것은 동시에 엄청난 왜곡을 수반한다.

내 안의 흑백논리가 외부를 보게 될 때

10대, 20대 한국인이 중국과 타이완의 관계를 이해하기까지는 우선 남북관계라는 제로섬(zero-sum)이 동원되었고, 부차적으로는 분단체제의 산물이라 할 수 있는 대한민국 내 좌우 대립이라는 이분법적 사고가 있었다. "타이완 넘버원"이라는 외침은 "적의 적은 나의 편"이라는 아주 단순한 이분법적 논리에서 나온 셈이다. 과연 그들의 생각대로 중국 게이머에게도 "타이완에 져서는 안 된다"라는 신념이 있었을까? 마치 많은 한국인이 일본에 져서는 안된다고 생각하는 것처럼 말이다. 한국 게이머의 전략이 그리 성공적이지 못했던 이유가 바로 여기에 있다.

선거철마다 여지없이 드러나는 한국의 진영 프레임, 한국의 정치판은 승리에 눈이멀어 이 프레임에 목숨을 건다. 'Winner-take-it-all(승자독식)'이기에 조급한 마음이 우스꽝스러운 비례 위성정당 홍보 전략에 묻어난다. 존재 그 자체로 정당성을 지니는 '우리'의 선을 긋고, 우리의 승리를 위해서는 무슨 일이라도 해야 한다. '우리'가 아닌 상대방은 반드시 '나쁜 놈'이고 흠결이 있다. 이러한 진영 논리는 선거철이면 각 정당의 주요한 네거티브 전략으로 활용된다.

'빨갱이'와 '친일파'로 서로를 지목하며 다투어 온 이분법적 정치사는, 세계를 보는 한국인의 눈을 흑백논리에 길들였다. 상대방의 주장과 의견을 듣고, 이해하고, 생각하고 자신의 의견을 제시하며 상호작용하는 과정은 완전히 배제되었다. 과정은 생략된 채 '편'이 모든 것을 압도하는 상황이 이어져 왔다. 대화와 이해의 과정을 생략하고, 아니 그보다 자기자신의 정당성이 모든 것을 압도하는 – 그것이 자기정체성이기에 – 싸움만이 이어져 왔다. 성평등주의로 번역되어야 할 페미니즘이 진영논리로 오인되는 이곳의 사정은 뿌리 깊은 이분법에 곪아 있다.

만약 코리안 게이머가 중국 게이머를 정말 약 올리고 싶다면, 중국 게이머의 심리를 좀 더 잘 알아야 하지 않을까 하는 것이 나의 생각이다. 그렇지만 당연히 그게 다는 아니다. 사실, 국경을 넘어 게이머들이 상호작용할 수 있게 된 것은 인류 역사상 유례가 없는 굉장한 경험이다. 지리적, 물리적, 언어적 한계를 넘어 상호교류를 가능하게 한 월드와이드웹의 힘이다. 비록 아직도 현실의 국민국가 체제는 건재하며, 온라인상에서 국경이 유지되고, 인종주의와 각종 혐오의 횡행을 목격하는 것이 사실이다. 그럼에도 불구하고 초기 정보통신 기술의 발달에 인류가 기대했던 다양한 가능성, 예를 들어, 집단지성(collective intelligence)과 같은 희망도 한편에서는 실현되고 있다. '혐오'는 언제나 답이 될 수 없다. 상호이해의 증진, 혐오의 구조 타파. 이것이 앞으로의 과제일 것이다.

중국과 한국에서 '페미니즘-하기'

리인허의 『이제부터 아주 위험한 이야기를
하겠습니다』를 읽고

중국 페미니스트 사회학자 리인허(李銀和)의 『이제부터 아주 위험한 이야기를 하겠습니다 – 검열의 나라에서 페미니즘-하기』(arte, 2020)가 출간됐다. 『나의 사회관찰(我的社会观察, 2014)』이라는 무던한 원제에 비해, 번역된 제목은 사뭇 도발적이다. 중국 정부의 '검열'을 상기하며, 이에 대항하는 페미니스트의 행위성(agency)을 강조한다. 이는 분명 한국의 페미니즘 대중화 시대, 맹렬한 여성 독자들을 타깃삼은 것이기도 하다.

책날개에 간추려진 저자의 삶을 살펴보면 무척이나 흥미롭다. 리인허는 중국 1세대 성(性) 사회학자로, 『인민일보』 편집자인 어머니 리커린의 성(姓)을 물려받았다. 그리고 문호(文豪) 왕샤오보와 사별한 후, FtM 트랜스젠더 다샤와 입양한 자녀 좡좡과 살면서 LGBT 운동에 투신하기도 했다. 번역자의 말을 빌리면, 그는 중국에서 가장 영향력 있는 비판적 지식인 중 한 명으로 "사랑과 진실, 자유와 평등을 좇아 온 페미니스트"이다.

이 책에서 그는 중국 사회를 향해 적극적으로 발언해 온 페미니스트로서 우선 자신의 전통 속 성 차별과 규범적 성을 집중적으로 문제시한다. 서구의 대립적인 '양성' 개념과 달리, 중국의 협조적인 '음양' 개념은 얼핏

유연하게 느껴질 수 있다. 그러나 오히려 '남성/성'과 '여성/성'을 둘러싼 이분법 자체는 자연화되어 확고하게 남는다는 것이다. 여전히 단단함·강함·밝음·위는 부드러움·약함·어두움·아래보다 존귀하다.

이러한 역설은 형식적으로 프랑스혁명과 영국혁명으로 비유되기도 한다. 프랑스에서 양립할 수 없는 억압과 저항은 유혈혁명으로 폭발했지만, 마침내 이는 공화정의 건립으로 이어졌다. 반면 영국에서는 쌍방이 타협하여 명예혁명에 성공했지만, 결국 군주제는 유지됐다는 것이다. 비슷하게 전투적인 서양의 여성운동에 비해 중국의 '부녀' 운동은 비교적 온화하다. 그렇기 때문에 본질주의적 관념을 버리는 데까지는 더 긴 시간이 필요할지도 모르겠다는 것이다.

동아시아의 근대성을 사유할 때, 이 지적은 매우 흥미롭다. 왜냐하면 이는 비서구 사회나 대상화된 객체가 취하기 쉬운 역전을 허락하지 않기 때문이다. 서구적 근대성에 대한 비판이 바로 전통으로의 회귀로 연결되거나, 남성성에 대한 비판이 즉시 여성성에 대한 찬양을 의미하지 않는 것이다. 우리는 모두 자신의 역사 속에서 근대를 경험하고, 제각각의 문화 속에서 남성 혹은 여성으로 존재한다. 자리에서 비켜난 존재들의 최종 목표가 반드시 왕좌를 탈환하는 것만은 아니다.

이 책에서 주목해야 할 부분은 사회주의 중국이 페미니즘과 조우하면서 생성해내는 흥미로운 국면들이다. 예를 들면 혁명이 성공한 후, 1950년대 중국에서 성인 여성들의 사회 참여가 급격히 높아졌다. 이때 전 사회적으로 성별 구분하지 않기가 하나의 풍조가 됐다. 특히 문화대혁명 시기에 여성은 자신의 남성적 기질을 증빙하고, 여성적 기질은 낙후한 것으로 은폐해야 했다. 마찬가지로 이때 여성성은 여전히 부정적인 자질로 남아 있게 된다.

그리고 1980년대 이후, 중국의 여성들은 여성적 특징을 표현하는 것으로 기존 사회에 저항을 드러내기 시작한다. 이는 최근 호전적인 한국의 여성들이 소위 여성적인 표징들을 아예 거부하는 것과 다르다. 더욱 여성이 되려고 하는 중국의 여성들과 절대 여성이 되지 않으려는 한국의 여성들, 이 두 입장은 얼핏 반대로 보인다. 그러나 충분히 보장되지 못한 여성의 권리와 안전을 위해 여성이라는 경계를 다시 설정하려는 의도에서는 크게 다르지 않다.

리인허, 『이제부터 아주 위험한 이야기를 하겠습니다 – 검열의 나라에서 '페미니즘-하기'』, 김순진 옮김, 아르테
ⓒ아르테 NAVER 포스트

다시 말해 개혁개방 이후, 중국의 여성들은 일과 가정을 양립하는 이중 부담에서 벗어나고자 전략적인 여성성을 말한다. 반면 신자유주의 체제 아래 한국의 여성들은 자본주의의 진전에서 경쟁력을 갖추려고 임신과 출산 등 여성적인 것을 완전히 거부한다. 이는 페미니즘의 오랜 난점인 평등과 차이의 딜레마와도 연결될 수 있다. 과연 여성은 인간이 되기 위해 남성과 같아져야 하는가, 혹은 달라져야 하는가. 이 둘 중 반드시 맞고, 언제나 틀린 것이 있을까.

리인허라면 이 책의 부제처럼 두 나라의 여성들이 제 각각의 '페미니즘-하기'를 실천하는 중이라고 할 것이다. 그는 무엇보다 사람들 마음속에 항상 차이가 상하로 양분되어 있음을 성찰해야 한다고 했다. 사실 젠더란 단순하게 양극으로 분화한 것이 아니라, 마치 검은색과 흰색을 양 끝에 놓고 다양한 간색을 채워 나가는 색 표준 체계와 같다고 한다. 스펙트럼으로서의 젠더처럼 근대성 역시도 마찬가지이다. 남성은 여성과의 비교를 통해 형성되며, 서구 역시도 동양을 비롯한 타자 없이 스스로 존립하지는 못한다.

이때 중요한 것은 선형적 비교를 통한 우위의 선점이 아니라, 상호 간 참조로 인해 생성되는 새로운 패턴들이다. 여성은 남성에 도전하지만 다른 존재가 되고, 동아시아 역시 서구를 좇았지만 다른 근대성을 갖게 되었다. 그리고 중국의 여성과 한국의 여성이 살아가는 삶도 같을 수 없다. 리인허는 중국의 경우에 정치적 권리에서는 평등을 추구하되, 개성의 발현에서는 차이를 드러내야 한다고 조언했다. 한편, 한국에서는 일상의 공정성을 높이고, 여성으로서 정치적 대표성을 높이자고 주장할 수 있겠다.

그러나 리인허의 이 책은 서구와 차이를 갖는 중국의 상황에 주로 초점을 맞추기 때문에 한국을 비롯한 동아시아 여성들에 대한 구체적인 언급은 드물다. 사실 한국 역시도 식민지적 근대와 냉전 속 현대에서 중국에 대해 충분한 주의를 기울이지는 못했다. 일본 제국주의는 중국을 연대의 대상으로 생각하지 않도록 검열했고, 반공주의 정부는 적대의 대상이어야 할 중국을 긍정적으로 말하지 않도록 감시했다. 페미니즘 역시도 서양 혹은 일본을 매개하여 수용됐고, 중국과 한국의 페미니스트들이 활발히 소통할 기회는 그다지 많지 않았다.

한중 수교에 이어 1995년 베이징에서 세계여성대회가 개최됐으나, 지속적인 만남은 이뤄지지 못했다. 근 20년 동안 계속 번역됐던 일본의 여성학자 우에노 치즈코에 비해, 다이진화를 비롯한 중국 페미니스트들의 저서 발간은 근 10여 년간 소강상태에 있었다. 리인허 역시 『중국여성의 성과 사랑』(1997) 이후, 오래 공백 끝에 다시 소개되고 있다. 한국 독자에게 이 책은 페미니즘 일반 이론이 아니라, 같은 시기 중국의 사례로 흥미진진하게 느껴질 듯하다. 전술한 '음양(陰陽)' 본질주의에 더해, '갑녀정남(甲女丁男)' 현상과 '동처(同妻)' 문제 등 함께 이야기해볼 주제가 많다.

어쩌면 중국과 한국에서 '페미니즘-하기'라는 수행은 이제 서로 마주하는 듯하다. 리인허는 이제 "시대가 달라졌다. 남자와 여자는 모두 같다"에서 "시대가 달라져서 여자와 여자가 다르다"로 전환해야 한다고 했다. 서로의 차이를 어떻게 사유할 수 있을지 고민해야 할 때라는 뜻이겠다. 여기에 더해 한국에서 리인허를 읽는 의미는 "동아시아의 시대가 달라졌다. 중국 여자와 한국 여자는 다르다"가 되어야 할 것이다. 연대는 당연하게 전제되는 문화적 상동성이 아니라, 토론하고 협상해야 하는 차이에서 비로소 가능해질 수 있다.

그래서 "이제부터 아주 위험한 이야기를 하겠습니다"는 도발은 관계의 새로운 지평으로의 초대인지도 모른다. 리인허는 성(性)이라는 녹록지 않은 주제에도 불구하고, 가능성과 한계를 동시에 설정하고 현실적인 대안들을 명쾌하게 제시한다. 이 책에서 그는 짧은 분량에 요령 있는 서술로, 그리고 시종일관 호탕한 문체로 돋보인다. 마르크스를 따라 "남자가 지닌 것을 왜 여자는 가질 수 없는가"라고 말하는 중국의 페미니스트, 그의 시선을 쫓아 중국, 그리고 다시 한국을 탐색해 보는 것은 어떨까. 작지 않은 차이에도 불구하고 더불어 풀어가야 할 지점들이 많이 보일 것이다. 일독을 권한다.

김주용
2020. 4. 24.

원조 '한류'는 중국인들의 '영화 황제', 독립운동가 김염

중국 영화 황제 김염의 아버지, 의사 김필순

한류의 원조, 김염

몇 해 전부터 한류 열풍이 참 대단하다. 가까운 일본, 중국, 동남아를 넘어 이제는 유럽에까지 한류 바람이 불고 있다. 외국인들이 '어설픈' 한국말로 자신이 좋아하는 한국 가수의 노래를 따라 부르거나, 좋아하는 배우를 응원하려고 삐뚤빼뚤하게 쓴 한국어 푯말을 들고 있는 모습을 볼 때면 '풋' 하고 웃음이 나오면서도 왠지 뿌듯한 기분이 들곤 한다. 이런 한류 열풍에 어깨가 으쓱해지는 건 아마도 그들이 열광하는 대상과 내가 같은 한국인이기 때문일 것이다.

그런데 1930년대 중국에 이미 한류 바람이 불었다는 사실을 알고 있는가? 1935년 1월 1일, 중국에서는 한 편의 영화가 큰 인기를 끌었다. 표도 구하기 어려울 정도로 인기가 대단했던 그 영화의 제목은 〈대로(大路)〉다.

영화의 주인공은 100년이 가까운 세월이 흐른 지금까지도 14억 중국인에게 '영화 황제'로 기억되고 있다. 그 주인공의 이름은 '김염(金焰, 본명 김덕린, 1910~1983)'이다. 그는 한국 사람이었다. 우리에게는 다소 생소한 이름이지만, 중국 영화계에서는 근대 영화인 가운데 독보적인 존재로 널리 알려진 전설과도 같은 존재다. 오늘날까지 중국 영화계에서 '황제' 칭호를 부여받은 사람은 김염 한 사람밖에 없다고 한다. 중국 영화계에서 중국인도 아닌 한국인 배우가 황제라고 불리다니, 대단하지 않은가?

중국의 영화 황제로 불렸던 김염
ⓒ독립기념관

그는 상하이영화제작소 부주임, 상하이 인민대표대회 대표, 중국영화작가협회 이사 등으로 활동했을 뿐만 아니라, 자오단(趙丹), 바이양(白楊) 등과 함께 중국 국가 1급 배우로 임명돼 마오쩌둥(毛澤東)과 저우언라이(周恩來)를 접견하기도 했다. 김염은 명실공히 중국 대륙을 사로잡았던 원조 한류 스타였던 것이다. 그리고 2019년 신중국 건국 70주년에 인민예술가로 선정되었던 친이(秦怡)가 그의 부인이기도 하다.

우리 역사가 김염을 기억하는 이유는 그가 단순히 국외에서 이름을 떨친 유명 배우였기 때문만은 아니다. 김염은 중국에서 영화와 연극을 통해 항일의 전면에 나선 인물이었다. 그의 출연작은 대부분 항일과 관련돼 있다. 그는 이 작품들을 통해 중국인은 물론 한국인의 가슴에 항일 의지와 조국에 대한 자긍심을 심어주는 선각자적 역할을 했다.

한 예로 영화 〈대로〉에서 김염은 일본군 앞잡이의 방해 공작 속에서도 항일 투쟁을 위한 도로를 개통해내고, 이후 적기의 공습에 장렬하게 전사하는 주인공 역을 훌륭히 소화해 냈다. 이 영화는 당시 젊은이들의 가슴에 뜨거운 조국애를 불러일으켰다. 실제로 영화를 본 많은 젊은이가 이 영

2부 · 한중관계의 한계와 기회, 차이와 혐오를 넘어서

화의 주제가를 부르며 저마다 김염이 된 듯 항일 전선으로 달려 나갔다.

일본을 향한 김염의 강한 적개심을 살펴볼 수 있게 하는 자료가 있다. 님 웨일즈가 정리한 김산의 『아리랑』에는 다음과 같은 예화가 나온다.

> 우리들이 등교를 거부하지 않을 수 없는 사건이 일어났다. 김염이라는 남개대학의 한국 학생 한 명이 가을 체육대회에서 달리기 시합에 출전하였다. 그는 뛰어난 주자였으므로 다른 선수들을 훨씬 앞지르고 선두를 달렸다. 그런데 "저 사람이 저렇게 잘 달리는 것은 조금도 이상할 게 없지. 그는 왜놈의 주구인 걸" 하고 어떤 중국인이 외치는 소리가 들려왔다. 김염은 경주를 하다 말고 달려가서 이렇게 소리친 중국인을 후려 때렸다.

김산이 기억하고 있는 '김염'이, "왜놈의 주구"라는 말에 크게 분노하며 자신을 그렇게 부른 중국인에게 경주를 하다 말고 달려가 응징한 이가 바로 '김염'이다.

김염의 아버지, 김필순의 가문

김염의 아버지는 의사(醫師)이자 의사(義士)였던 독립운동가 김필순이다. 세브란스의학교(제중원의학교) 제1회 졸업생 의사로서 독립운동을 전개했던 아버지와 최고의 영화배우로 항일운동을 전개했던 아들. 참 그 아버지에 그 아들답지 않은가?

독립운동가의 유전자가 따로 있는 것은 아닌지 의심스러울 정도로 그의 가족 가운데는 유독 나라를 위해 애쓴 인물이 많다. 김염뿐만 아니라 그 형제인 김덕홍(金德洪), 김위(金瑋), 김로(金蘆) 또한 아버지 김필순의 피를 물려받아 독립운동에 참여했다. 김필순의 형인 김윤방(金允邦)과 김윤오(金允五), 여동생인 김구례(金具禮)와 김순애(金淳愛), 조카딸 김마리아도 모두 독립운동에 열정을 바친 인물들이다.

특히 김구례는 상하이 임시정부 내무의원을 지낸 서병호(徐炳浩)의 아내이며, 김순애는 상하이 대한민국애국부인회 대표로서 상하이 임시정부 초대 외무총장을 지낸 김규식(金奎植)의 아내다. 또한 김마리아는 여성 독립운동가이자 교육자로서 대한민국애국부인회 회장, 상하이의 대한민국 애국부인회 간부를 지냈다.

이렇게 김필순의 집안에서는 우리 역사상 가장 암울했던 시기에 희망을 전해 주는 등불과도 같은 인물이 많이 배출됐다. 그리고 그들 중심에 하얀 가운을 입고 태극기를 휘날리는 김필순이 서 있다.

의사(醫師)이자 의사(義士) 김필순, 중국으로 망명하다

한국 최초의 면허 의사 7인 중 한 사람으로 실력까지 출중했던 '의사(醫師) 김필순'은 어쩌다가 '의사(義士) 김필순'의 길을 걷게 된 것일까? 김필순이 학업에 열중하고 있을 당시 국내 상황은 그리 좋지 않았다. 1905년 일본에 의해 강제로 체결된 을사늑약으로 대한제국의 외교권은 박탈된 상태였다.

이러한 현실에 고뇌하던 그는 1907년 8월 일제가 대한제국 군대를 해

의사이자 독립운동가였던 김필순
ⓒ독립기념관

산하자 반발해 봉기를 일으켰던 군인들이 무참히 진압되는 과정을 목격하면서 본격적으로 독립운동에 뛰어들게 된다. 조국의 비참한 현실을 더는 외면할 수 없었던 그는 신민회(新民會)의 일원으로 활동하며 독립운동가들과 관계를 맺기 시작한다.

신민회는 안창호, 양기탁(梁起鐸), 신채호, 이동휘(李東輝), 김구 등이 1907년 9월에 조직한 비밀결사 단체다. 당시 김필순은 자신의 형인 김윤오와 함께 세브란스병원 건너편에서 '김형제상회'를 운영하고 있었다. 그는 이곳을 신민회의 비밀 모임 장소로 제공했다.

김필순은 낮에는 청진기를 든 의사로, 밤에는 태극기를 든 독립운동가로 살아갔다. 1911년 일제가 무단통치의 일환으로 민족운동을 탄압하는 사건이 있었다. 일제는 사건을 확대 조작해 신민회의 주요 인사를 포함한 독립운동가 700여 명을 구속하고, 그중 105명에게 실형을 언도한 이른바 '105인 사건'이 터졌다. 김필순은 자신에게 닥친 위험을 감지하고, 1911년 12월 31일 중국 망명길에 올랐다.

중국 땅에서도 독립을 향한 김필순의 열정은 식을 줄 몰랐다. 그는 이회영 6형제와 이상룡(李相龍)을 비롯한 안동 사람들이 일찍이 이주해 활동하고 있던 서간도로 향했다. 그가 정착한 곳은 신흥무관학교가 설립된 류허현(柳河縣)과 인접한 퉁허현(通化縣)이었다. 김필순은 그곳에서 병원을 개업하고 의술로서 독립운동을 전개해 나갔다. 병원을 운영해 얻은 수익금으로 독립운동 자금을 대기도 하고, 독립군 양성을 위한 신흥무관학교 운영에도 발 벗고 나섰다.

그러나 김필순의 망명 생활은 그리 순탄하지 않았던 것 같다. 이러한 사실은 1912년 3월, 그가 캘리포니아에 있던 안창호에게 보낸 한 통의 편지로 짐작해 볼 수 있다. 이 편지에서 그는 조촐한 짐을 꾸려 이주한 이국 땅에서 언어가 소통되지 않아 곤란한 상황을 겪고 있다고 털어놓고 있다.

치치하얼 김필순 농장 그리고 순국

이후 김필순은 안창호의 권유에 따라 치치하얼로 무대를 옮기게 된다. 안창호는 만주 지역에 독립운동 기지를 건설하려는 계획을 세우고 있었다. 헤이룽장성 치치하얼 부근과 밀산 지역을 후보지로 정한 안창호는 김필순에게 치치하얼에서 활동할 것을 권했고, 김필순이 이를 수락하면서 치치하얼에서의 활동이 시작된 것이다.

치치하얼에서 김필순은 독립운동 기지 건설을 위해 힘썼다. 치치하얼의 용사공원 내 관제묘(關帝廟, 관우묘)에 거처를 정한 김필순은 인접한 영안대가(永安大街)에 '북제진료소(北濟診療所)'를 개원했다. 제중원과 인연이 깊었던 그는 '북쪽에 있는 제중원'이라는 뜻으로 병원의 이름을 지었다. 김필순은 이 병원에서 현지인들과 한인들은 물론 부상당한 독립군들을 돌봤을 뿐만 아니라, 이곳이 독립운동가들의 연락 거점으로 활용될 수 있도록 했다. 이 당시 그는 중국군과 러시아군의 군의관으로도 활동했는데, 이를 통해 신변을 보호받았다.

한편 김필순은 병원 운영과 함께 대규모 농장을 꾸려 군자금을 마련하고자 했다. 일명 '김필순 농장'이다. 치치하얼 일본 영사관의 보고에 따르면, 김필순은 중국인 지주와 함께 토지를 개간했는데, 그중 3분의 1가량이 그의 소유였다고 한다.

구체적으로 그는 한국인 이광범(李廣範), 중국인 자오줘샹(趙左鄕)과 함께 농장을 꾸렸다. 김필순은 이 농장을 운영해 독립군에게 자금을 제공할 뿐만 아니라, 이주 한인 자제를 교육해 훌륭한 독립투사로 키우고자 했다. 이를 위해 김필순은 일제강점기 여성운동가로 당시 일본에서 유학 중이던 자신의 동생 김필례를 농장으로 불러 농민 교육을 담당하게 했다.

이렇게 김필순 농장은 한인공동체이자, 독립운동의 인적자원 공급처 역할을 수행했다. 그는 농장 경영에 매진하기 위해 자신의 매제이자 대한민국 수립 이후 전라남도 도지사를 역임했던 최영욱(崔永旭, 세브란스 6회 졸업생)에게 병원 일을 맡기는 등 농장에 많은 노력과 열정을 쏟아부었다. 그리고 병원과 농장 수입 거의 대부분을 자신과 가족이 아닌 조국의 독립과 동포들을 위해 기꺼이 내놓았다.

그러나 이렇게 조국을 위해 헌신했던 김필순은 안타깝게도 의문의 죽음을 맞게 된다. 일본인 의사가 전해 준 우유를 먹고 건강이 악화돼 1919년 음력 7월 7일 숨을 거두고 만 것이다. 자신의 작은 외할아버지인 김염의 삶을 조명한 〈상하이 올드 데이스〉를 쓴 박규원에 따르면, 일본인에게 독살당한 자신의 외증조부 김필순은 이후 치치하얼에 묻혔는데, 일본군이 그 묘마저 불도저로 밀어버려 흔적조차 사라졌다고 한다.

임진희
2020. 5. 15.

코로나19 위기, 한중 협력으로 해답 찾아야

한 국가 역량만으로 코로나 위기 해소 불가능

2020년 5월 13일 문재인 대통령과 시진핑(習近平) 중국 국가주석이 통화했다는 소식이 전해졌다. 이번 통화 이후 한국 언론 대부분은 시진핑 주석의 연내 방한 예정을 주요 기사로 다뤘다. 시 주석이 "올해 한국을 방문하려는 굳은 의지는 변하지 않았다"라고 말했다 전해진다.

중국에서는 시 주석이 "한중 양국은 공히 코로나19 대응에 성과를 거뒀고, 향후 코로나 대응과 지역 평화 및 안정, 자유무역 수호 등에서 공동의 이익과 협력할 공간이 많다"라고 제안한 소식을 다뤘다.

2020년 새해부터 시작된 코로나19 위기와 한중 간 협력의 필요를 계기로 2016년 사드 사태 이후 지지부진했던 한중 관계를 회복시키려는 양국의 의지가 통하지 않았느냐는 분석이다.

초기에 중국과 한국은 가장 피해가 심한 국가로서 한동안 확진자, 사망자 숫자가 세계 1, 2위에 나란히 올라 있었다. 그러나 양국 모두 비교적 빠르게 사태를 통제하고, 이제는 전 세계 그 어느 국가보다 빠르게 일상으로 복귀하며 코로나 이후의 새 시대를 준비하는 상황이다. 그러한 과정에서 한국은 중국과, 중국은 한국과 상호협력 필요성을 절감했을 것이라 판단된다.

실제로 이번 통화 중에도 한중 정상은 양국의 방역협력 기제와 5월 1일부터 실시하는 한중 기업 인사 입국절차 간소화 등의 제도가 세계에 모범이 되는 사례라는 긍정적 평가와 의견을 나누었다고 한다. 나아가 코로나19 외에도 가까운 이웃으로 교류가 긴밀하며 필수적인 양국은 현재 공히 직면한 국내외 문제에 소통과 협력이 절실한 상황이다.

코로나 위기로 드러난 문제들

첫째로 보건 의료 등의 시스템 미비다. 코로나19 발생과 확산은 어느 누구도 예상하지 못한, 그리고 의도하지 않은 천재지변과도 같다. 게다가 향후 코로나19 재유행과 다른 전염병 발생의 가능성도 매우 높다.

그러한 상황에서 '발원지가 어디인지' 내지는 '과거에 ~이었다면' 등의 가능성을 둘러싼 소모적인 논쟁은 큰 의미가 없다. 전염병 확산과 통제의 과정에서 드러난 각국의 보건, 의료, 복지 시스템 문제를 검토하고 개선하는 것이 더 중요하다.

나아가 코로나19 발생과 확산 과정에서 드러난 각국 정치, 경제, 사회 전반의 구조적 취약성도 문제이다. 예를 들면 초세계화시대 국가 간 전염병 확산 통제는 불가능해졌고, 글로벌 가치사슬(GVC)로 각국의 제조 산업은 큰 타격을 받았다. 이러한 이유로 기존의 미중 무역 갈등과 더불어 글로벌 가치사슬의 위험과 약점을 절감한 몇몇 국가는 이미 탈세계화나 가치사슬 조정, 리쇼어링(Reshoring, 제조업 본국 회귀) 등의 움직임을 서두르는 실정이다.

둘째로 국가, 지역, 성별, 인종, 연령 등에 따른 경제사회 격차가 드러났고 더욱더 심화되는 실정이다. 훌륭한 의료보건, 사회보장 시스템을 보유한 사회나 개인은 코로나19 위기에서 스스로 생명과 건강, 삶의 권리를 더 효율적으로 지켜낼 수 있었다. 그러나 소외된 이들은 코로나 위기에 빈부, 정보, 고용, 임금, 의료 혜택 등의 경제사회 격차가 드러나고 더욱더 확대되며 생존 위기에 직면하였다. 바이러스조차 불평등하다는 주장이 근거 없는 말은 아니다.

그리고 코로나19 확산과 관련하여 특정한 인종, 종교, 성별, 성적 지향을 백안시하고 차별하는 경향이 확산되었다. 비(非)아시아에는 아시아와 아시아인에 대해서, 아시아 내부에서는 코로나19 확산의 추이에 따라 특정 국가 출신에 차별적, 공격적 언행을 가하는 일들이 증가했다. 국가와 공동체 내에도 코로나19가 소수자 혐오와 차별에 정당성을 부여할 수 없음에도 특정 지역, 종교, 성별, 민족, 성적 지향을 부정적으로 다루며 공격하는 이들이 등장하였다.

셋째로 각국에서 배타적 민족주의, 극우적 포퓰리즘 세력이 부상하였다. 극단주의자들이 코로나19 위기를 틈타서 자국과 일부의 우월성을 내세우면서 타국과 타인을 배척하고 비난하였다. 그러나 그들은 대부분 자신의 책임을 타국과 약자에 전가하고 영향력 확대를 목표하는 이들이다. 실제로 문제 해결과 완화에 도움이 되지 않는다는 사실을 인식하고 있지만 팬데믹(Pandemic) 위기에 나타난 대중의 혼란과 공포를 이용하려는 것이다.

그러한 이유로 '인포데믹(Infodemic)'이 새로운 문제로 부상하였다. 일반적으로 영향력 확대를 노리는 정치와 언론이 이러한 현상을 부추겨왔다. 실제로 중국은 책임을 미루며 글로벌 영향력 확대를, 미국은 실책을 감추며 대선의 승리를 노리고 있기에 국내의 민족주의 흐름을 부추기고 타국을 공격하였다. 그리고 언론은 영향력 확대나 특정한 배후의 목적을 위해서 그릇된 정보로 혼란과 대립을 부추겨왔다.

한국과 중국은 공조로 해답을 찾아야

최근 몇 년간 국제사회는 글로벌 차원의 격변에 직면하였다. 정치적으로는 중국의 부상과 미국의 견제에 전략적 갈등의 시대가 도래하였고, 지역 통합과 국제 공조의 흐름이 분열과 거센 저항에 직면하였다. 경제적으로는 글로벌 사회가 장기적 불황과 더불어 다가오는 4차 산업혁명에 대응해야만 하는 어려운 상황을 맞이하였다. 나아가 세계를 강타한 코로나19는 보건의료 시스템의 위기와 더불어 잠재되었던 다양한 사회경제 문제를 표면화하였다.

이것들은 한중 양국이 공히 직면한 문제이다. 나아가 한 국가의 역량과 노력으로는 위기 해소나 대응이 불가능하다.

이번 코로나 위기의 전후, 양국 관계가 항상 우호적인 것만은 아니었다. 사드 이후의 긴장 국면은 진행 중이고 코로나19 발생과 확산에 대응하며 서로 감정과 국익이 다소 부딪힌 측면이 있다. 그러나 중요한 사실은 한중은 누구도 부인할 수 없는 공동의 이익과 목표가 있으며, 이에는 상호 협력과 지원이 필수적이라는 것이다.

초유의 위기로 인해 초기 대응에 서로 문제가 있었던 것은 사실이다.

나아가 무조건적 협력이나 일방적인 희생을 요구하지 않는다. 다만, 문제와 이익 갈등만 보며 외면하기에는 그 이면에 있는 한중의 공동 이익과 기회, 긴밀한 소통과 협력이 필요한 문제가 많다는 것이다. 국가 관계는 100% 협력도, 100% 갈등도 없다. 경쟁 속에 협력하고 협력 속에 경쟁한다. 정치와 언론을 포함한 모두가 노력하여 현실을 직시하고 함께 대응해야 한다.

이용범
2020. 7. 3.

1930년대 중국을 보는 또 다른 키워드, 아편과 혁명

중국 이해의 스테레오타입을 넘기 위하여

천편일률의 중국 기행문들

1920~1930년대 일본과 한국에서는 다양한 종류의 중국 여행기가 유행했다. 일본의 작가 아쿠타가와 류노스케도 1930년대 초반 중국을 여행하고 「지나유기(支那遊記)」라는 글을 써내기도 했다. 그 시기에 유행했던 중국 여행기들은 스타일이 굉장히 유사했다.

첫째, 자신이 방문한 장소와 관련된 중국 고전문학의 소양을 약간 적는다. 예를 들어 이백이나 두보의 한시, 제갈량의 '출사표' 같은 것들을 관련된 장소에서 떠올리는 것이다. 그것은 대개는 '여행 안내서'에 쓰인 내용을 다시 자신의 글로 읊조리는 방식이다. 중국에서 절묘한 한시와 하이쿠들을 떠올리는 아쿠타가와 류노스케도 예외는 아니었다.

둘째, 1930년대 중국 사람들이 얼마나 '지저분하고', '비위생적인지'에 대해 서술한다. 이러한 서술의 방향은 현대중국의 '후진성'과 '낙후함'을 드러낸다. 다르게 말하면, 중국 사람들이 살아가는 모습을 '과거'의 것, 낡은 것으로 규정하고, 지금 자신의 '선진적'인 모습과 비교하면서 비교우위를 재확인하는 방식이다. 그렇게 만들어진 '뒤떨어진 중국'이라는 이미지는 재차 생산되며 하나의 '스테레오타입'을 형성하게 된다.

1931년 경성제국대학 졸업생 최창규, 장강 여행을 기획하다

한반도에 처음으로 설립된 서양식 종합대학(university)인 경성제국대학에는 지나어학지나문학 전공이라는 이름으로 중국어문학과가 설치되었다. 종합대학이라고는 하지만 식민지 조선의 취직난은 매우 심각했기 때문에, 졸업생 대개는 소위 '고등룸펜'이라고 하는 실직자 신세였다.

1회 졸업생 최창규도 예외는 아니었던 것 같다. 1930년 2월에 졸업한 뒤, 뚜렷한 직장 없이 지내던 그는 1931년이 되어서야 동아일보사의 특파원 자격으로 상하이에서 출발하여, 장강(양쯔강)을 거슬러 쓰촨성까지 도달하는 문화·역사 기행을 기획하게 된다. 이러한 기획에 이르기까지의 과정도 순탄치는 않았을 것 같다. 그는 애초에 장강 여행을 위해서 중국에 간 것이 아니라, 이런저런 구경도 할 겸 상하이에 발을 내디뎠기 때문이다.

1930년대의 상하이만큼 묘한 도시는 찾기 어려울 것이다. 그 당시 상하이는 국제도시로서 자본주의의 또 다른 절정, 조계지 내부에 위치한 대한민국 임시정부, 세계 각지의 사상가·활동가들이 모여드는 공간이었고, 동아시아 지식인의 허브로 기능하기도 했다. 그 시절 우치야마 서점(內山書店) 등 우리가 상상할 수 있는 '근대적'인 모든 것이 뒤섞여 있는 그 장소의 경험은 쉽사리 상상하기 어렵다. 오죽하면 이 시기의 상하이를 일컬어 '마도(魔都)'라고 하는 『마도상해(魔都上海)』가 나올 정도였을까.

그렇게 국제도시 상하이에서, 경성제국대학 1회 졸업생은 70여 일에 걸쳐 장강을 거스르는 여행길에 오르게 된다. 덧붙이자면, 장강을 거슬러 쓰촨에 이르는 길은 2009년 싼샤댐의 완공 이후로 더는 '갈 수 없는 길'이 되었다.

아편의 유통과 국가시스템의 문란

최창규의 여행기는 중국 하층민과 직접 교류한 경험을 매우 많이 담고 있다. 당시 지식인들이 기본적으로 지녔던 한문 소양 외에도, 대학에서 중국 문학을 전공하면서 회화가 가능한 수준의 중국어를 익혔던 덕분일까. 흥미로운 것은 그가 어부와 흥정하는 다음과 같은 장면이다.

> "나도 사람이니까 이것을 팔아서 아편도 먹어야 하고 담배도 먹어야 하고."

> 다시 한 배에 탄 자기 아내를 가리키며

> "저것들도 밥을 먹어야 하지 않소. 이것이 오늘 하루 종일 잡은 것인데 그렇게 받아서야 어디 셈이 되오."

밥보다 아편을 먼저 말하는 것은 마약에 중독된 상태로 설명될 수 있고, 또 독자의 흥미를 끌기 위한 서술 전략으로 생각할 수도 있다. 하지만 그 이면을 생각해본다면 중국 사회에 대한 보다 심층적인 접근이 가능하다.

200년에 걸친 세월 동안 중국 사회에 깊이 침투한 아편은 중국을 마비 상태로 몰아갔다. 아편은 더 이상 영국 동인도회사에서 인도와의 삼각무역을 통해 수입되는 것이 아니라, 중국 내에서 생산되고 중국 내에서 소비되고 있었다. 청(淸)이 멸망하고 중화민국이 수립되었지만, 여전히 국가는 아편의 생산과 유통을 용인하고 있었다.

아편 중독은 개인의 심신을 파괴한다. 달리 말하면, 경제활동 인구를 '소모'시키는 것이다. 장기적으로 볼 때, 이는 국력의 저하를 불러올 수밖에 없다. 그러나 중화민국 정부는 지방 세력들을 통제할 힘이 없었다. 군벌들이 장악한 지방정권은 단기적인 세수의 확보를 위해 국민의 건강을 소모시키고 있었다.

아편은 중국 사회를 중층적으로, 또 입체적으로 관찰할 수 있는 좋은 소재였다. 삼민주의를 내세운 국민당 정부는 민권, 민주, 민생에 있어 혁명적인 변화를 제시하지 못했다. 오히려 청에서 중화민국으로 넘어가면서 지방분권적인 수탈은 더 악화되었다.

다수의 하층민에게 제국주의의 침탈은 서양 제국주의자의 얼굴이 아니라, 아편의 유통이 유지되는 것처럼 구사회의 지속이라는 형태로 간접적으로 다가왔다. 여행자이면서도 중국인과 함께 생활하고, 또 대화를 통한 소통으로 최창규는 고전 속에 있는 것이 아닌, 현실 '중국'의 모습을 관찰하고 있었다.

"아이들을 구하라" – 영속 혁명에의 기대

루쉰의 「광인일기」는 "아이들을 구하라"라는 말로 끝을 맺는다. 현실 변혁의 가능성을 아이들, 좀 더 구체적으로 말하면 교육에서 찾고 있는 것이다. 중국의 현실을 면밀히 살피던 최창규도 비슷한 기대를 품게 된다. 기대는 충칭(重慶)의 시립고아원에서 그가 마주친 《신청년》이라는 잡지에서 시작되었다. 잘 알려져 있듯이, 《신청년》은 중국 신문화운동의 중심에 서 있었다.

신문화운동을 거치며 중국 사회의 대변혁이 일어나기 시작했다. 사람들의 의식을 바꾸는 데 잡지가 거대한 역할을 수행한 것이다. 최창규는 고아원에 꽂혀 있는 《신청년》 잡지를 보고 미소 지었다. 그리고 그것은 또 다른 혁명에의 기대를 암시하고 있었다.

최창규는 아편에 취해 몽롱해진 중국을 바꿀 수 있는 계기로 민중을 꼽는다. 민중은 『아Q정전』의 아Q일 수도 있고, 아편 중독자일 수도 있으며, 가혹한 노동에 혹사당하는 인력거꾼이기도 했고, 혁명적인 변화를 추동하기 위해 북벌군에 지원하는 젊은이일 수도 있다. 이 기대가 중국의 민중을 움직였기에 신해혁명이 성공할 수 있었고, 다시 10년이 지나 신문화운동이 그 뒤를 이었다.

그로부터 10년이 지난 1930년대 최창규는 수난 속에서 살아가고 있는 중국 민중이 다시 일어서기를 기대하고 있었다. 그것은 식민지로서 하루하루를 보내고 있는 한국의 모습이 투영된 것이기도 했다. 민중에 의한 사회의 변화, 끊임없는 자기 갱신의 기대가 다시 미소를 띠기 시작한 것이다.

전북 지역에 남아 있는 중국의 그림자

한복에 대한 관심이 세계적으로 높다. 이러한 관심은 중국의 게임에도 나타난다. 중국의 게임사 페이퍼게임즈가 스타일링 게임인 '샤이닝 니키'를 한국에 서비스하면서 한복을 게임에 도입한 것이다. 그런데 엉뚱하게도 게임 속 한복이 논란에 휩싸였다. 중국의 한 네티즌이 "한복은 중국 명나라 의상이다", "한복은 중국 소수민족 중 하나인 조선족의 의상이니 중국 옷이다" 등의 주장을 내세웠기 때문이다.

중국 네티즌이 '한복은 중국 전통의상'이라고 주장한 사실이 국내에 알려지자, '샤이닝 니키' 이용자는 아이템 환불을 요청하거나 탈퇴하기 시작한다. 이에 페이퍼게임즈는 "중국 기업으로서 국가의 존엄성을 수호"하겠다며, '샤이닝 니키' 한국판 서비스를 종료하기에 이른다. 중국이 한복(韓服)을 한복(漢服, 한푸)이라고 주장하는 사태를 두고 일각에서는 한복 동북공정이라 칭하기도 한다. 이러한 '문화 동북공정'은 과거 중국에서 시행한 동북공정 연구 사업과 관련이 깊다.

동북공정, 흔적을 왜곡하다

중국의 동북공정 연구 사업은 종료되었지만, 아직 끝난 게 아니다. 일반 중국인이 동북공정식의 인식을 여전히 가지고 있을 뿐만 아니라, 한국 고대사에 대한 왜곡된 인식도 여전하기 때문이다. '동북변강역사여현상계열연구공정(東北邊疆歷史與現狀系列研究工程)'의 약칭인 동북공정은 '동북변강 지역의 역사와 현실에 관한 체계적인 연구 프로젝트' 정도로 해석할 수 있다. 이 프로젝트는 중국 변경지역의 안정과 민족의 단결을 도모하여 사회주의 중국의 통일을 강화하기 위하여 2002년부터 5년간 추진되었다.

2007년에 마무리된 동북공정은 중국 동부지역의 역사와 문화가 현재의 중화인민공화국 역사에 귀속된다는 영토주권론에 입각하여 추진된다. 그러나 전통 시대의 중국이 단일한 공간이 아니었다는 점에서 현재의 중화인민공화국과 동일시하는 역사관은 근본적으로 문제가 있음을 시사한다. 특히 고구려사가 곧 중국사라는 중국의 역사 왜곡은 한국의 반발을 야기한다. 이때 중국은 한국으로부터 역사 인식에 대한 비판적 문제 제기를 최초로 받는다.

기본적으로 동북공정은 중국 영토에 남은 우리나라 고대사의 흔적을 토대로 진행한다. 즉, '중국 영토에서 파생된 모든 역사와 문화는 중국의 것'이라는 프레임을 씌운 것이다. 현재 중국은 한복을 비롯한 아리랑, 판소리, 심지어 상추쌈까지 자국의 문화라고 주장한다. 이러한 상황에서 중국의 영토가 아닌 한국의 영토, 구체적으로는 전북 지역에 남아 있는 중국의 흔적을 확인하는 것은 의미가 있다.

숭산의 소림사를 기리는 사찰, 익산의 숭림사

중국 베이징사범대 수도문화혁신문화전파공정연구원이 발표한 '외국인의 중국문화에 대한 인식 조사 보고서'에 따르면, 한국인은 중국 영화에 관심이 많은 것으로 나타났다. 중국의 수많은 영화 중에서 무술 영화는 숭고한 정신적 가치를 지닌 것으로 평가된다. 이러한 중국 무술 영화의 특징으로 인해 한국인은 종종 중국의 영화를 곧 무술 영화로 기억하기도 한다. 무술 영화를 통해 대중에게 가장 잘 알려진 전통 무술이 바로 '시간을 들인다(下功夫)'라는 말에서 비롯한 쿵푸이다.

영화를 통해 '쿵푸'를 접한 사람들의 관심은 소림사(少林寺)로 향한다. 영화 속에 등장하는 소림사는 천하 무술의 근원이라는 이미지와 함께 존재한다. 중국 허난성(河南省) 덩펑현(登封縣) 숭산(嵩山)에 위치한 소림사는 인도승 발타를 위해 북위의 효문제의 명으로 북위태화 17년(서기 493년)에 창건된 사찰이다. 소림사는 왕세충의 난(서기 618년)이 일어났을 당시, 담종을 비롯한 13명의 승려가 진왕 이세민(李世民)을 구하면서부터 무술로써 이름을 알렸다.

전북 익산 지역에 있는 숭림사(崇林寺)는 중국의 소림사와 관련을 맺고 있다. 고려 충목왕 1년(1345년)에 창건된 숭림사는 달마대사가 중국의 숭산 소림사에서 9년 동안 면벽좌선을 행한 고사를 기리고자, 숭산의 숭(崇)과 소림사의 림(林)자를 따서 이름을 지었다. 가만 생각해 보면, 왜 굳이 숭산의 소림사와 연결시켜 이름을 지었는지 의구심이 든다. 당시 양국 간의 관계에 의해 비롯된 일인지, 창건주의 의지에 의해 비롯된 일인지에 대한 구체적인 내용은 전해지지 않는다.

숭림사는 임진왜란 때 보광전을 제외한 모든 건물이 불타버렸으나, 10년 뒤에 우화루를 중건한다. 이후 1923년에 보광전을 중수하고 나한전과 영원전 등을 새로 지었다. 1987년에 범종각, 산신각, 안심당, 해탈교 등을 신축하여 현재에 이르고 있다. 창건 당시부터 현재까지 남아있는 보광전에서는 지혜의 빛으로 세상을 비추는 비로자나불을 모시고 있다.

강으로 불리는 바다, 부안의 채석강

중국 안후이성(安徽省) 마안산시(马鞍山市)에는 채석기(채석강, 采石矶)가 있다. 이 채석기에서는 이백(李白)의 흔적이 곳곳에서 발견된다. 당나라 때 활동한 이백은 시선(詩仙)이라 불린 시인으로, 한국에서는 성에 자(字)를 붙인 이태백(李太白)으로 잘 알려진 인물이다. 방랑의 삶을 살았던 그가 언제 세상을 떠났는지는 분명하지 않다. 다만, 술을 마시며 놀다가 강물에 비친 달그림자를 잡으러 물에 뛰어들어 생을 마감했다는 설이 전해질 뿐이다.

이백이 마지막으로 달을 본 곳은 양쯔강의 지류인 차이스(彩石)강으로 알려져 있다. 강폭이 좁아 물길이 험하기 때문에 기암절벽이 가득한 곳이다. 이백이 삶을 마감한 장소와 경관이 비슷하여 동일한 이름이 붙여진 곳이 바로 부안의 채석강이다. 부안의 채석강은 변산반도 서쪽의 격포항과 동쪽의 닭이봉 일대의 층암절벽과 바다를 총칭한다. 바위에 기묘한 형상이 있어 기념물로 지정되어 보호받고 있다.

수많은 책이 높게 쌓여 있는 모습을 하고 있어 외변산의 대표적인 명소인 채석강은 간혹 강(江)으로 오해받곤 한다. 중국의 채석강과 경관이 비슷하다고는 하나, 바다에 강(江)을 붙인 명칭을 그대로 사용한 것은 다소 문제가 있다고 판단된다. 물론, 과거에 같은 한자 문화권에서 문화를 공유할 수 있었기 때문에 영향을 받은 그대로 사용했을 수도 있다. 그러나 어원에 대한 구체적인 정보도 없이 사용하는 것은 분명 큰 문제로 여겨진다.

흔적의 왜곡에도 흔들리지 않는 방법

'샤이닝 니키' 사태를 두고 일각에서는 정부가 한복 홍보에 더욱 박차를 가해야 한다고 주장한다. 한국의 문화유산에 가하는 중국의 궤변과도 같은 주장으로부터 보호가 필요하다는 것을 강조한 셈이다. 정부는 중국의 동북공정 진행 당시, 역사 왜곡에 대처하려고 고구려연구재단을 발족한 것처럼 대응해야만 한다. '문화 동북공정'으로부터 우리나라의 문화유산을 지키기 위해 적극적으로 나설 때이다.

정부의 움직임에 발맞춰 국민은 적극적으로 문화유산의 가치를 발굴하는 자세를 가져야 한다. 이는 다른 국가에서 우리의 문화를 자신의 문화로 귀속시키려 할 때, 우리 문화를 지킬 힘을 길러야 함을 의미한다. 개인이 이러한 자세를 유지한다면 그림자가 드리워도 흔들림 없이 편히 쉴 수 있다.

중국에서 '찬란한 빛'으로 되살아난 전태일
중국 신(新)노동자와 전태일

중국 신노동자와 전태일을 매개로 '말 걸기'

홍콩 국가보안법 제정과 탄압, 소수민족에 대한 중국어 교육 강화, 갈수록 심화되는 중국과 인도의 국경 분쟁, 끝없이 이어지는 미중 갈등 등 최근 중국에서 들려오는 참담한 소식에 답답하던 중 실로 반가운 소식 하나가 찾아왔다. 중국에서 '신(新)노동자'에 대한 연구와 교육 및 공동체 사업을 활발하게 전개하고 있는 뤼투(呂途) 선생이 동반자인 쑨헝(孫恒)과 함께 전태일 열사 50주기를 맞아 헌정하는 노래를 만들었다는 것이다. 그리고 이를 뮤직비디오로 제작할 계획이니, 한국어로 가사를 번역해 줄 수 있겠냐는 부탁이었다.

반갑고 고마운 마음에 얼른 그러겠노라 답신을 하고 나니, 문득 그간 중국 신노동자와 전태일을 매개로 끊임없이 한국에 대화를 시도했던 뤼투의 '말 걸기'에 제대로 응답하지 못한 것 같아 오히려 마음이 무거워졌다.

사상과 경험의 교류: 경계를 넘어, 영원히 타오르는 전태일 정신

중국 신노동자에 관한 뤼투의 저서 3부작은 이미 한국어로 모두 번역되어 출판됐다. 그중 내가 번역에 참여했던 『중국 신노동자의 형성』(나름북스, 2017)과 『중국 신노동자의 미래』(나름북스, 2018)는 중국 신노동자가 처한 사회구조적 상황에 대한 분석과 그들의 '삶 이야기'를 통해 신노동자 개인과 집단의 주체성 확립을 촉구하는 책이다.

그리고 올해 출간된 『우리들은 정당하다』(나름북스, 2020)에는 34명의 중국 여성 노동자의 삶과 노동, 투쟁의 역정이 담겨 있다. 특별히 『우리들은 정당하다』는 전태일 재단과 국내 11곳의 출판사가 우리 시대 전태일 정신의 계승을 위해 공동으로 기획한 '전태일 50주기 공동 출판 프로젝트: 너는 나다'의 일환으로 출판되어 더 뜻깊다.

세 권의 한국어판 서문에서 모두 밝히고 있듯이, 뤼투와 한국의 연결고리는 단연 전태일이다. 조영래 변호사가 쓴 『전태일 평전』이 중국에서

뤼투의 중국 신노동자에 관한 저서 3부작이 한국에서 모두 번역되어 출간되었다. 왼쪽부터 『중국 신노동자의 형성』(나름북스, 2017), 『중국 신노동자의 미래』(나름북스, 2018), 『우리들은 정당하다』(나름북스, 2020)
ⓒ출판사 나름북스 누리집

『한 점의 불꽃: 전태일 평전』(星星之火: 全泰壹评传)이라는 제목으로 2002년에 출간됐는데, 뤼투는 이 책을 읽고 형언할 수 없는 감동을 느꼈다고 고백한다. 뤼투의 말처럼 전태일 정신은 국경과 언어의 경계를 넘어, 생명의 가치를 존중하는 사람들의 마음속에 영원히 살아있음을 새삼 느낀다.

이러한 측면에서 보면 번역이란, 단순히 다른 나라의 활자를 옮기는 작업이 아니라, 대화와 마주침의 매개자로서 사상과 경험의 교류를 촉구하는 일종의 '매개 활동'이다. 그렇기에 나는 뤼투의 책도 업종과 지역, 성별과 세대, 나아가 국경을 넘어 '새로운 노동자 계급과 사회문화의 창조'를 갈망하는 모든 사람에게 연대와 응답을 촉구하는 '외침'으로 읽히기를 바란다.

'피촌(皮村) 정신': 우리의 문화가 없으면 우리의 역사가 없고, 우리의 역사가 없으면 우리의 미래가 없다

뤼투의 삶에도 전태일 정신은 그대로 묻어난다. 그는 안정된 삶이 보장된 대학교수직을 버리고 2008년부터 현재까지 '베이징 노동자의 집(北京工友之家)'에서 노동자들과 함께 노동하고, 교육 및 저술 활동을 하면서 새로운 공동체 문화를 일궈내는 일에 전념하고 있다. 2002년부터 활동을 시작한 '베이징 노동자의 집'은 베이징 수도공항 근처의 노동자 밀집 지역인 피촌에 있으며, "신노동자 집단의 문화 구축, 다양한 교육 활동, 공동체 경제 및 상호 협력적 연합체의 가능성"을 모색하는 일종의 코뮌(公社)을 지향한다.

이러한 '피촌 정신'에 입각해 노동자 자녀를 교육하는 '동심(同心)실험학교', 사회적 기업인 '동심호혜공익상점', '품팔이 문화예술 박물관', 노동자 대학인 '동심창업교육센터', 지역노동조합인 '노동자의 집 사구(社区)공회', 생태농원인 '동심농원' 등을 운영하고 있다. 이처럼 뤼투와 동료들은 "우리의 문화가 없으면 우리의 역사가 없고, 우리의 역사가 없으면 우리의 미래가 없다"라는 인식하에 노동자들의 현실적 생활과 필요에 기반한 대안 문화운동을 고된 호흡으로 꾸준히 전개하고 있다.

뤼투는 "중국 신노동자는 개혁개방의 산물이자, 중국이 '세계의 공장'으로 변모하는 과정에서 만들어 낸 새로운 정책과 법률, 윤리규범 및 도농관계와 사회 관계의 산물"이라고 말한다. 그리고 이들이 더는 유동적이고 불안정한 사회 집단이 아닌, 새로운 변혁의 주체로 거듭나야 중국의 새로운 미래가 열릴 것이라고 강조한다.

그렇기에 중국의 신노동자를 매개로 중국 사회의 역사와 현실, 그리고 미래를 조망한다는 것은 오늘날 전 지구적으로 심각해지는 '노동의 위기' 상황에서 우리가 나아가야 할 방향을 고민해볼 수 있는 계기이기도 할 것이다.

눈이 펑펑 내리다 갑자기 햇살이 비추던 어느 날, 함께 공항으로 가던 새벽길에 뤼투가 내게 했던 말이 머릿속을 맴돈다. "당신이 중국 신노동자의 현실과 미래에 주목하는 것은 바로 세계 노동자의 운명에 주목하는 것이고, 이것은 내가 전태일의 삶과 죽음에 관심을 갖는 것과 같은 이유"라던 뤼투의 진심을 곱씹으며 노랫말을 떠올린다. 뤼투와 쑨헝의 전태일을 위한 노래 〈찬란한 빛〉이 많은 이들에게 위로가 되길 바라며, 답답한 마음의 글을 맺는다.

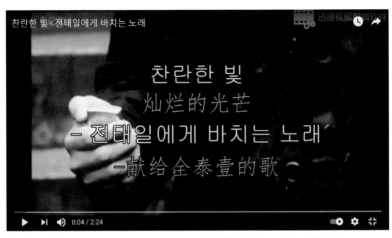

뤼투와 쑨헝이 전태일 50주기를 기념하기 위해 작사작곡한 '찬란한 빛'은 유튜브에 공개되어 있다.
ⓒYouTube "빈곤사회연대" 채널

찬란한 빛 - 전태일에게 바치는 노래

작사·작곡·노래: 뤼투(呂途), 쑨헝(孫恒)

고통받는 이들을 보며 넌 괴로움에
어둔 밤 허기진 걸음으로 집에 돌아와
올곧게 사는 삶이란 한없이 아득하나
넌 보지 못하는 이들에게 네 눈을 주려 했지

아름다운 청년이여, 그대의 힘은 어디서 오나
아침 이슬처럼 어찌 그리 선한가
그대의 진실한 사랑은 찬란한 빛으로 타올라
당신이 있어 난 더 이상 두렵고 슬프지 않아

먹구름이 몰려와, 눈송이가 흩날리니
석별의 아쉬움에 그대를 우러러 보네
보라, 검던 구름이 층층이 갈라져
한 줄기 햇살이 내 얼굴을 감싸네

코로나19 시대, 한중 경제의 구원 투수는?

'언택트' 경제가 창출한 새로운 수요

신종 코로나바이러스 감염증(코로나19) 사태의 장기화로 '비대면, 비접촉(언택트)'이 일상화한 가운데 침체된 경제를 살리고 성장을 지속하기 위한 대안으로 디지털 경제가 떠오르고 있으며, 다양한 분야에서 디지털 경제로의 재편이 진행되고 있다. 디지털 경제는 아날로그 경제에 대응되는 용어로 아날로그 방식이 아닌 디지털 기술을 활용한 일체의 경제활동을 포함한다. 아날로그 경제에서는 형상을 가진 '물질의 원자'가 기본 단위라면, 디지털 경제에서는 형상이 없는 '정보의 비트'가 기본 단위이다. 따라서 디지털 경제에서 디지털 기술과 데이터가 가장 중요한 요소이다. 데이터 기술과 데이터만 확보된다면 디지털 경제는 무궁무진하게 발전해 나갈 것이다. 디지털 기술은 아날로그 정보를 디지털 정보로 변환해 주는 역할을 한다. 즉, 생산, 유통, 소비의 단계에서 이루어지는 경제 활동이 디지털 기술에 의해 디지털화하며, 이 과정 중 데이터가 축적되고, 축적된 데이터가 바로 혁신적인 디지털 경제를 창출한다. 이러한 연유로 디지털 경제에서 데이터는 자본, 노동, 기술에 이어 제4의 생산 요소라고 불린다.

중국, 디지털 경제 규모

　최근 디지털 경제의 덕을 가장 톡톡히 보고 있는 나라가 중국이다. 코로나19 사태로 2020년 올해 1분기 마이너스 성장을 기록했던 중국 경제는 디지털 경제에 힘입어 2분기 플러스 성장으로 돌아서며 회복세를 보였고, 3분기 역시 플러스 성장을 달성할 것으로 보인다. 사실 중국 경제가 올해 디지털 경제의 덕을 톡톡히 보고 있으나, 그간의 디지털 경제 규모를 보면 디지털 경제는 일찍이 중국 경제를 이끈 핵심 원동력이었다. 중국정보통신연구원(中国信息通信研究院)이 발표한 '중국 디지털 경제 발전 백서(2020)'에 의하면, 중국 디지털 경제의 부가가치 규모와 그 가치가 GDP에서 차지하는 비중이 각각 2005년 2조 6,000억 위안에서 2019년 35조 8,400억 위안으로, 14.2%에서 36.2%로 확대됐다(아래의 그림 참고). 그리고 GDP 성장률에 대한 기여도는 2014년부터 2019년도까지 줄곧 50% 이상

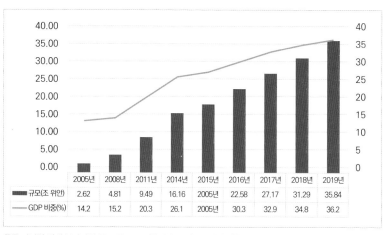

	2005년	2008년	2011년	2014년	2015년	2016년	2017년	2018년	2019년
■ 규모(조 위안)	2.62	4.81	9.49	16.16	2005년	22.58	27.17	31.29	35.84
— GDP 비중(%)	14.2	15.2	20.3	26.1	2005년	30.3	32.9	34.8	36.2

중국 디지털 경제 부가가치 규모 및 GDP 비중 ©중국정보통신연구원

을 유지하고 있다.

　중국은 디지털 경제를 디지털 산업화(数字产业化)와 산업 디지털화(产业数字化)로 구분한다. 디지털 산업화란 디지털 경제의 근간이 되는 부분으로, 전자정보제조업과 정보통신업, 소프트웨어 서비스업 등이 이에 속한다. 산업 디지털화란 디지털 경제가 융합된 부분으로, 전통산업에 디지털 기술을 응용하여 새롭게 창출된 산업이 이에 속한다. 대표적으로 '인터넷+'와 '스마트 제조'를 들 수 있다. '중국 디지털 경제 발전 백서(2020)'에 따르면, 2019년 중국 디지털 경제의 부가가치 35조 8,400억 위안 중 약 28조 8,000억 위안(GDP의 29%)이 산업 디지털화의 부가가치이다. 디지털 산업화와 비교하여 그 규모가 상당히 큰데 1, 2, 3차 산업에 디지털 기술을 응용하여 새로운 가치를 창출하며 GDP 성장률에 지대한 공헌을 하고 있다는 점에서 시사하는 바가 매우 크다.

코로나19, 중국 디지털 경제 발전 촉매제로 작용

　2020년 코로나19 사태가 중국 디지털 경제, 특히 디지털 산업화 발전의 촉매제가 되어, 기존에 없던 새로운 비즈니스 방식(新业态)과 새로운 모델(新模式)이 새로운 유형의 소비(新型消费)를 창출해내며 코로나19로 인해 발생한 경제적 손실을 보완해 주고 있다. 중국 국가통계국이 발표한 올해 1분기 데이터에 의하면, 3월 컴퓨터, 통신 및 기타 전자장비 제조업이 9.9%, 산업용 로봇이 12.9%, 인터넷 및 이와 관련된 서비스가 10.1%가 증가하였다. 또한 코로나19로 인해 소비, 오락, 교육, 비즈니스 및 기타 활동이 빠른 속도로 온라인화하면서 원격 회의, 전자상거래, 온라인 교육, 원격 진료 등이 상대적으로 빠른 성장을 보였다. 더욱이 '비대면, 비접촉을 추구하는 언택트 경제'가 급부상하면서 '라이브 +', 즉 화상으로 실시간 진행되는 '라이브 + 클라우드 클럽, 클라우드 예능, 클라우드 음악'과 함께 '라이브 커머스 +', 즉 '라이브 커머스 + 농산물, 자동차, 주택, 교육' 등의 새로운 비즈니스 방식과 새로운 모델이 탄생했고, 이들이 새로운 소비 수요를 창출하며 경제 성장을 견인했다.

디지털 경제 발전을 위한 중국 정부의 지원은 더욱 강화될 것

중국은 2008년 글로벌 금융위기로 인해 수출에 타격을 받으면서 외부에 대한 불확실성을 줄이고자 경제 성장 방식을 내수 확대로 전환했고, 그 결과 대외무역 의존도가 많이 감소했다. 더욱이 이번 코로나19 사태로 세계 경제가 깊은 침체를 겪고 있는 가운데 중국 경제만이 위기를 극복하고 승승장구하고 있어 중국의 입장에서는 내수의 중요성을 더 절실히 느끼고 있을 테다. 이에 향후 디지털 경제 발전을 위한 중국 정부의 지원이 더욱 강화될 것으로 보인다.

중국 정부는 디지털 경제 발전을 위해 2019년 '국가 디지털 경제 혁신 발전 시험구 실시 방안'을 발표하며, 허베이성(河北省), 저장성(浙江省), 푸젠성(福建省), 광둥성(广东省), 쓰촨성(四川省), 충칭시(重庆市) 등에 국가 디지털 경제 혁신 발전 시험구를 건설한 바 있다. 그리고 2020년 9월 베이징시(北京市)는 '베이징시 디지털 경제의 혁신과 발전 촉진을 위한 실행 개요

(2020~2022)'를 발표하며 베이징에 디지털 무역 시험구를 조성할 것을 밝혔다. 이어 국무원은 새로운 유형의 소비를 촉진하기 위해 15개의 정책 및 제도적 지원이 담긴 '새로운 비즈니스 방식과 새로운 모델을 통한 새로운 소비 발전에 대한 의견'을 발표했다.

우리나라 역시 코로나19 사태 이후, 디지털 경제의 중요성을 인식하고 침체된 경제를 살리고자 재정 및 정책, 제도적 지원 등을 통해 디지털 경제를 적극적으로 발전시키려 노력하고 있다. 디지털 경제는 경제의 지속 성장을 위해 우리가 반드시 발전시켜야 하는 것이기에 부디 규제에 발목 잡히지 않고 적극적인 지원에 힘입어 혁신적인 발전을 이룩하길 바란다.

한반도의 4년제 대학에 처음으로 부임한 중국인 교환 교수

서울에서 얽힌 한·중·일 학술사(學術史)

처음이었다. 서울에 중국인 교수가 온 것은

1927년 4월 5일, 스물 여섯 살의 웨이젠공(魏建功, 1901~1980)은 서울역 플랫폼에 첫발을 내디뎠다. 당시 한반도에는 일본이 설치한 4년제 대학 경성제국대학이 유일한 종합 대학으로 자리 잡고 있었다. 경성제국대학은 초기 기획단계부터 '동양학의 특종학부'를 대학의 특징으로 내세우고 있었다. '동양학의 특종학부'를 구현하기 위하여 한국과 중국, 일본을 연구하는 각각의 전공이 설치되었다.

웨이젠공은 중국을 연구하는 학과인 지나어학지나문학 전공, 요즘 말로 하면 중어중문학과에 배치되었다. 그의 직책은 강사로, 학생들에게 올바른 중국어 발음과 중국어 회화를 가르치는 일이 맡겨졌다. 웨이젠공의 전공이 중국어학(linguistics)이었으므로 어떻게 보면 자연스러운 일이기도 했다. 중국문학을 가르치는 일은 대학총장과 동년배의 일본인 노교수 고지마 겐키치로가 맡았다.

혁명의 기운이 넘치는 베이징 대학 학창시절

1901년생인 웨이젠공은 한참 혁명의 기운이 넘치던 1921년, 베이징 대학에서 중국어문학 전공으로 공부를 시작했다. 1919년 한국에서 일어난 3·1운동의 영향으로, 중국에서는 같은 해 5월 4일 5·4 신문화 운동이 벌어졌다.

웨이젠공은 반외세, 반봉건의 외침과 새로운 사회를 만들어야 한다는 활기 넘치는 분위기 속에서 대학 생활을 이어 나갔다. 그는 루쉰과 그의 동생 저우줘런과 긴밀한 관계를 맺으며 신문화운동과 관련된 각종 주요한 출판물에 글을 쓰고, 편집을 맡기도 했다.

3·1운동과 5·4운동이 일어나던 시점, 즉 중국이 수천 년 역사에서 가장 약했던 순간이었다. 중국은 피압박민족으로서 자기 자신을 발견하는 동시에 동병상련의 처지인 한국이 눈에 들어오기 시작했다. 일본을 비롯한 서구 제국주의의 침탈에 대항하려는 한중연대가 막 피어나기 시작한 것이다.

안중근의 의거에 쏟아진 중국인들의 찬사, 잘 알려진 쑨원과 신규식의 만남 같은 것들이 이 시기 한중관계를 대변한다. 중국이 신문화운동을 통해 스스로를 고쳐 내고, 피압박민족과의 연대를 통해 제국주의에 대항하고자 했던 정신이 당대 중국의 시대정신이었다.

일본의 중국학과 중국의 중국학의 사이에서

그가 한반도에 온 이면에는 당시의 일본과 중국 사이의 미묘한 학문적 경쟁의식이 자리 잡고 있었다. 동아시아에서 가장 먼저 근대화에 성공한 일본은 학문 분야에서도 가장 먼저 4년제 종합대학을 설치하며 교육·연구에서 앞서 나갔다. 청(清) 정부는 오늘날 베이징 대학의 전신인 경사대학당(京師大學堂)을 황급히 설치하는 등 부랴부랴 서둘렀지만, 중국학에서 주도권을 빼앗긴 것은 어쩔 수 없는 일이었다.

1920년을 전후로, 전 세계에서 중국에 관한 연구가 가장 앞선 곳은 프랑스와 독일이었고 그다음이 일본이었다. 각기 자신의 중국학에 대해 유럽은 '동방학'이라는 명칭을 사용했고 일본은 '지나학'이라고 불렀다. 신해혁명과 뒤이은 정치적 혼란기를 겪던 중국은 자국학을 충분히 발전시킬 여력을 갖지 못한 상태였다. 중국의 자국학이 본격적인 형태를 갖추게 되는 때는 신문화운동에 뒤이은 국고정리운동 이후로, 아무리 이르게 잡아도 1920년대의 일이다.

바로 이 시점에 일본이 중국에 중국학 교수를 요청한 것이다. 일본 측도 중국 측도 인선에 고심할 수밖에 없는 상황이었다. 중국인으로서 중국학에서 일본에 뒤떨어진다는 것은 여간 자존심 상하는 일이 아닐 수 없다. 교환교수를 요청하는 쪽도 그 정도를 배려할 눈치는 있었다.

그리하여, 일본인이 쉽게 앞설 수 없는 어학 분야의 '원어민 강사'로 웨이젠공이 선발되었다. 그가 한국에 파견된 이면에는 일본과 중국의 중국학자들 사이에 있었던 기 싸움과 다른 한편으로 원만한 타협이 자리 잡고 있었던 것이다.

한국의 전통문화에 대한 관심

한국에 온 웨이젠공은 자신의 전공인 언어학뿐만 아니라 한국의 다양한 전통문화에 관심을 기울였다. 그는 중국어에서 이미 사라진 것으로 알려진 입성(入聲)의 흔적이 남아 있는 한국어 발음과 제주도 방언에 관심을 두고 연구하였다. 한국의 전통문화 중 그가 크게 관심을 두고 기록을 남긴 것은 아악(雅樂)에 관한 것이다.

조선왕조 궁중과 조정에서 주요한 행사 때 사용하던 아악은, 당시에는 이왕직박물관(李王職博物館)의 아악부에서 관리하고 있었다. 웨이젠공은 아악을 듣고 "비장하고 침중하다"라는 감상을 적고 있다. 그러한 감상에는 식민지로 전락해버린 한국의 이미지가 어느 정도는 투영되어 있을 수밖에 없을 것이다. 아악은 격식 있는 행사에 쓰는 음악이므로 빠른 비트와 흥겨움을 갖기 어렵기 때문이다.

한국 지식인과의 교류

웨이젠공은 일본인들과는 교수로서 관계를 맺는 한편, 한국인들과는 사제관계를 만들어 나갔다. 대표적인 인물이 한국 최초의 근대적 문학사 『조선소설사』(1933)와 『조선한문학사』(1931)를 쓴 김태준이다.

김태준은 웨이젠공이 한국에서 마지막으로 머무는 학기에 대학 본과에 진입하여 한 학기의 수업을 들었다. 네 살 차이가 나는 둘은, 대학 졸업 이후에도 한국과 중국의 학계에 자리 잡고 의견을 교환했다. 대표적인 것이 중국의 한자폐지론과 한국의 맞춤법에 대한 의견이었다. 다른 한편으로 한국과 중국 양국에서 서로에 대한 연구단체를 만들어 운영하는 논의도 진행하였다. 오늘날 원광대학교 한중관계연구원 같은 전문연구기관들을 이미 구상하고 있었던 것이다.

상호이해와 존중, 미래 한중교류에 대한 고민

한국에 있는 동안 웨이젠공이 한국어를 배웠는지에 대한 여부는 알 수 없다. 경성제국대학의 공식 언어는 일본어였고, 그는 '중국어 원어민' 강사로 초청되어 중국어를 가르쳤기 때문이다. 그렇지만 그는 한국에 많은 관심을 기울이고, 또 피압박 민족으로 한국과 중국의 상호 이해와 연대의 가능성에 주목했다. 그는 한국에서 나타났던 일부 화교에 대한 배척 움직임에 대해서도 표면적인 현상에 주목하는 것이 아닌 심도 있는 이해를 보여 주었다.

> "근래 듣자 하니 중국 화교들을 모욕하는 조선인이 많고, 또한 그들은 중국인을 멸시하는 '쌍코우Chiangkou'라는 일본말로 조롱하고, 심지어는 많은 조선인이 길거리에서 중국인을 만나면 때리기도 한다고 한다. 나는 감정에 의거해 비판하고 싶지는 않다. 동시에 나는 우리나라 국내에 망명해 정착한 많은 조선인들이 마찬가지로 중국인, 예컨대 경찰과 같은 무리로부터 억압을 받고 있다는 생각에 미쳤다."

단순히 중국인들이 피해를 받고 있다는 것이 아닌, 중국에 있는 한국인들이 겪고 있을 어려움까지 생각하는 균형 잡힌 시각을 보여 주는 웨이젠공. 그뿐 아니라, 그는 자신이 일본의 초청으로 한반도에 왔음에도 불구하고 일본의 한국 통치를 긍정하지 않는 올곧은 시선을 견지하고 있다는 것도 확인할 수 있다.

웨이젠공은 이후에도 「교한쇄담(僑韓瑣談)」이라는 글을 『위쓰(語絲)』에 연재하여 일제 치하 한국의 상황, 한국과 중국의 역사적 문화적 관계, 그리고 한국독립의 필요성을 균형 잡힌 시각으로 서술해 중국에 발표하였다.

이와 같은 초기 한중교류는 상호 이해와 존중, 배려의 기반 위에 만들어지고 있었다. 오늘날 우리도 현실정치의 맥락에 휘둘리지 말고 배타적 민족주의의 극복, 지속적인 소통의 교류를 통해 공동평화와 번영의 지역질서를 지향해 나가야 할 것이다.

김주용
2020. 12. 4.

청산리 전투의 숨은 주역, 김훈

중국 인민해방군의 양림

중국 인민해방군과 홍군 장령 양림

중국 인민해방군(人民解放軍)은 현재 중화인민공화국의 공식 군대이다. 이 명칭은 1946년에 처음 사용되었다. 1948년 11월 1일, 중앙군사위원회는 '전군 조직 및 부대 번호 통일에 관한 규정'을 제정하면서 중국 인민해방군이라는 명칭을 정식으로 사용하여 오늘에 이르고 있다. 중국 인민해방군의 병력은 약 200만 명이며, 2018년 기준으로 국방비는 약 1조 1,000억 위안을 상회한다. 한화로 환산하면 190조 원 정도이다. 2020년 한국의 국방비가 50조 원 정도인데, 중국은 한국의 4배에 가까운 국방 예산을 쓰는 셈이다.

한국사에서 중국 인민해방군은 한국전쟁 당시 강렬하게 등장하였다. 특히 인해전술로 한국군을 상대했던 '중공군'으로 널리 알려져 있다. 그들의 등장 이후 한국전쟁은 완전히 다른 양상으로 전개되었으며, 또 다른 분단의 씨앗을 뿌리내리게 했다.

그 당시 전쟁의 참혹함은 말할 필요도 없고, 수십 년이 지나도록 벗어나지 못하는 전쟁의 트라우마는 그야말로 처참하다. 한국인에게 인민해방군은 그렇게 인식되어 왔다. 중국인에게 중국 인민해방군은 일제를 물리치고 국공내전을 승리로 이끈 위대한 군대로 기억되어 왔다.

중국 인민해방군은 중국과 일본의 전면전이 벌어지는 1937년 7월 이후 중국 국민정부의 군대였다. 중국 국민혁명군 제8로군, 약칭 '팔로군'이었다. 1928년에는 '홍군(紅軍)'으로 불렸다. 홍군 가운데 대표적인 한국인 두 사람이 있었다. 한 사람은 중국 포병의 귀재로 알려진 '무정 장군', 즉 김무정이며, 다른 한 사람은 김훈이다. 김훈(중국 이름 '양림')은 홍군의 대장정 시기인 1936년 11월에 허난성 뤄양(洛陽) 도강 작전 중에 순국하였다.

흑룡강성 상지시의 자오이만과 이추악

쌍즈시(尚志市)에는 중국의 전국구 항일 여전사가 있다. 그가 자오이만(趙一曼)이다. 한국의 유관순과 같은 존재이다. 베이징 중국인민항일전쟁기념관에도 선양의 9·18역사박물관에도 그가 있다. 헤이룽장성의 성도(省都) 하얼빈뿐만 아니라 각 도시에서 자오이만의 이름을 딴 거리 '일만가'를 흔히 볼 수 있다. 중국인에게 자오이만은 프랑스의 잔 다르크 같은 존재이기도 하다.

쌍즈시에서의 자오이만은 좀 더 특색 있다. 그 중심에 있는 자오이만 기념관은 쌍즈시가 야심 차게 기획하여 개관한 곳이다. 이곳에는 중국 최대 규모의 비림(碑林)까지 조성돼 있어 특별한 전시를 감상할 수 있다. 비림에는 한국의 대통령을 지낸 분의 휘호도 음각돼 있을 정도이다. 자오이만의 위상을 알 수 있는 기념관이다. 그런데 자오이만을 이끌고 함께 항일투쟁했던 이추악(李秋岳)에 대해서는 한국이나 중국이나 전혀 무지하다.

이추악은 황포군관학교 교관인 양림(楊林)의 부인으로 알려져 있다. 본명은 김금주(金錦珠), 평양숭실학교를 다닌 이추악은 평양 학생운동을 주도적으로 이끌었던 양림과 알고 지냈지만, 일제가 내린 체포령을 피해 양림이 중국으로 망명하면서 이별하게 된다.

양림, 김훈은 누구인가?

양림(1901~1936)은 1901년 평안북도에서 출생하였다. 본명은 김훈(金勳). 그의 이름이 역사에 등장한 것은 신흥무관학교와 연관이 깊다.

1911년 지린성(吉林省) 류허현(柳河縣) 싼위안포(三源浦) 쩌우자가(鄒家街)에서 출발한 신흥무관학교는 통화현(通化縣) 하니허(哈泥河)를 거쳐 구산즈(孤山子)에 자리를 잡는다. 졸업생이 3,500여 명에 달할 정도였던 신흥무관학교에는 나라 잃고 울분에 찬 열혈 청년들이 3·1운동 직후에도 찾아왔고, 그 가운데 김훈도 있었다. 고산자 신흥무관학교에 입학한 양림은 지청천, 김경천(金擎天), 신팔균(申八均, 그의 호가 동천) 등, 이른바 '만주 삼천'으로 불린 명 교관에게서 민족교육과 무관교육을 받았다.

신흥무관학교 졸업생으로 청산리대첩에도 참가한 김훈은 '북로아군실전기(北路我軍實戰記)'를 통해 청산리 전투 상황을 대내외에 널리 알리는 역할을 수행했다.《독립신문》97, 98호에 걸쳐 게재된 '북로아군실전기'는 김훈의 구술을 정리한 기록이다. 크게 전투전 적과 아군의 상황, 양군의 대립, 청산리 전투 등 전투사적으로 대단히 중요한 상황을 초급 장교인 김훈이 역량을 유감없이 발휘하여 서술하였다. 청산리대첩 상보로서 손색이 없는 귀한 자료이다.

김훈은 상해임시정부의 환대를 받았다. 당시 임시정부 차원에서 윤기섭과 양림에 대한 환영회를 인성학교에서 개최할 정도였다. 하지만 그는 좀 더 체계적인 군사교육을 원하였다. 1921년 김훈은 임시정부의 소개로 당계가 운영하는 운남강무당에 입학하였다. 운남강무당은 한국광복군 참모장과 대한민국 초대 국무총리를 지낸 철기 이범석이 나온 곳이며, 중국의 전설적 군인 주더(朱德)를 배출한 곳이기도 하다.

평생 반려자 이추악을 만나다

운남강무당 18기생으로 입학한 양림은 양주평(楊州平)이라는 가명을 썼다. 그는 늘 우등생이었으며, 일본인 교관과의 목검 대련에서 승리하기로 유명했다. 이때 양림과 함께 공부했던 저우바우중(周保中)은 "학교 교관들이 고려 학생 양주평을 칭찬하면서 학생들의 학습을 독려"했다고 회고할 정도였다.

1924년 가을 이추악은 애인을 찾아 중국으로 건너갔다. 양림이 운남강무당에서 교관수업을 받고 있을 때의 일이다. 윈난성(雲南省) 쿤밍(昆明)까지 애인을 찾아 나선 이추악을 본 양림은 목이 멨다. 지금도 비행기를 타면 인천공항에서 4시간이 소요되는 그곳, 쿤밍까지 단신으로 찾아온 이추악이 양림의 눈앞에 있었다.

"어떻게 이 먼 곳까지 왔소."

"당신과 함께 혁명할 수 있다면 이보다 더한 데도 갈 수 있지요."

다음 해 둘은 결혼하였다. 양림은 부인에게 항일투쟁에 더 적합한 이름을 짓는 게 어떠냐고 제의한다. 중국 근대 혁명열사인 추이진(秋瑾)과 지금도 중국인들의 애국주의의 상징으로 칭송하는 위에페이(岳飛)의 이름에서 한 글자씩 따서 추악이라고 불렀다. 이때부터 김금주가 아닌 이추악으로서 뜨거운 항일투쟁의 삶을 살아갔다.

1925년 1월, 양림은 황포군관학교 훈련처 교관을 맡았다. 황포군관학교는 손문이 설립한 중국 육군군관학교이다. 중국 광저우 황포강에 위치하여 우리에게는 황포군관학교로 널리 알려져 있다. 의열단 단장 김원봉(金元鳳)이 4기생으로 활동했던 황포군관학교에는 수많은 한인 학생이 조국독립을 위해 이국땅 중국인 교관 밑에서 군사훈련을 받았다. 바로 그곳에서 양림은 교관으로 활약하면서 한인 청년들의 조국애를 담금질하였다.

이때 황포군관학교 정치위원 저우언라이(周恩來)는 양림을 아꼈다. 그의 배려로 국공합작이 한창이었던 1927년에 양림과 이추악은 새로운 군사 지식과 폭넓은 세계를 경험하고자 모스크바로 떠났다. 약 3년간의 모스크바 생활을 마치고 돌아온 이들은 각자 항일 투쟁의 길을 갔다. 양림은 중국공산당 만주성위를 만드는 데 주력했으며, 홍군의 장정에 올랐던 1936년 2월 장렬하게 희생됐다.

이추악은 1934년 10월 헤이룽장성 연수현과 방정현에서 특별지부 서기로 활동했으며, 1932년 여름부터 남편 양림과는 긴 이별을 하였다. 이후 영원히 만나지 못했다. 이추악 역시 남편 양림이 희생됐다는 소식을 들지 못한 채 1936년 9월 3일, 헤이룽장성 퉁허현(通河縣) 서문 밖에서 총살 당했다. 공교롭게도 둘 다 1936년 일제에 의해 희생되었다. 그들의 아름 답고 슬픈 사랑은 동북의 차디찬 칼바람을 녹였으며, 이방인 중국인들은 지금도 양림과 이추악에 대해서 존경심을 보이고 있다.

잊혀진 양림(김훈), 기억을 소환하다

양림은 한국독립운동사의 걸출한 인물이었음에도 중국 국공 내전의 중심부에서 활동했기 때문에 광복 이후에는 잊힌 인물이다. 이범석은 그 의 자서전 「우둥불」에 김훈의 소식을 '행불'로 처리하였다. 냉전과 분단이 생산한 인식의 소산이다.

2020년 올해는 청산리대첩 100주년이 되는 해이다. 그 상세한 전투 상황을 세상에 알린 양림, 아니 김훈을 한국독립운동사의 전면에 복원해 야 할 시기이기도 하다. 이제는 시대를 반성하고 미래의 평화를 계획하는 동북아시아의 진정한 동반자로서 한중 양국이 무엇을 해야 하는지 고민 하고 실행할 때이다. 그것이 결국 후대에 안전한 세상을 만들어 주는 현세 대의 책무 아니겠는가.

3부

미중 갈등의 지속과 변화, 글로벌 리더를 다투며

01 중국, 디지털화폐 패권국 꿈꾸나?

02 전 세계가 중국에 감사해야 한다고?

03 흔들리는 미·중·일·러 리더들, 남북 관계 주도권 가질 절호의 기회

04 중국, 2050년 우주전쟁에서 미국 넘어선다?

05 중국에서 떠오르는 '애국 소비', 중국에만 좋은 일?

06 팬데믹, 불경기 시대에 글로벌 리더 있나

07 화웨이 겨냥한 미국의 수출 통제, 美기업에 오히려 독

08 왜 중국은 서방에서 인정받지 못하는가

09 코로나 팬데믹, 중국 고립 시기 앞당겼다

10 항저우의 에펠탑에서 동북아시아를 보다

11 저물어 가는 영국과 중국의 '황금시대'

12 바이든 시대, 중미 통상 갈등의 핵심은 '환경과 노동'

윤성혜
2020. 1. 24.

중국, 디지털화폐 패권국 꿈꾸나?

2020년, 〈암호법〉 꺼내 든 중국의 의도는

중국과 미국 간 통상 패권을 둘러싼 갈등은 2019년 연말이 되어 겨우 일단락되었다. 하지만 양국의 통상 갈등은 언제든지 다시 점화할 수 있는 상태이며, 이는 당분간 계속될 것으로 전망된다. 한국의 최대 교역국인 중국과 미국 간 갈등의 지속은 우리의 미래 또한 순탄치 않을 것을 예고한다.

중미 간 통상 갈등이 휴전 상태에 돌입했지만, 긴장의 끈을 놓아서는 안 된다. 2020년 중미 간 패권 싸움은 다른 분야로 확대되어 더욱 치열해질 것으로 전망되기 때문이다. 중국이 2020년 1월 1일부터 〈암호법(密碼法)〉을 실시함에 따라 중미 간 갈등은 디지털 금융, 블록체인 기술 등과 같은 분야에서 치열한 싸움이 예상된다. 이 또한 우리 IT 기업에는 중국 시장에 대한 새로운 무역 규제로 작용할 수 있어 이에 대한 주의가 요구된다.

3부 · 미중 갈등의 지속과 변화, 글로벌 리더를 다투며

〈암호법〉 제정으로 국가의 암호 관리 강화

지난해 12월 30일 중국 CCTV 〈심층보도(焦点访谈)〉에서는 2020년 1월 1일부터 실시되는 암호법에 대해 집중 보도했다. 법률명도 생소한 암호법이 연말 저녁 피크타임에 보도되었다는 것으로 이 법률의 위상이 어느 정도인지 알 수 있다. 더욱이 그 형태가 행정법규도 아니고 규범성 문건도 아닌 '법률'의 형태로 제정되었다는 것은 국가 디지털 정책과 산업에서 이 법이 중요하다는 것을 반증한다.

암호법은 2019년 10월 24일 제18차 중앙정치국 회의에서 시진핑(习近平) 중국 국가주석이 "블록체인 기술과 산업의 혁신적 발전을 촉진할 것"이라고 강조한 후, 26일 제13차 전국인민대표대회 상무위원회의에서 통과됐다. 이는 암호법이 블록체인 기술 및 산업의 발전을 규율하는 기본적이고 중요한 법률이며, 중국 정부가 이를 얼마나 적극적으로 추진하고 있는지를 알 수 있게 해 준다.

암호법에서 규정하는 '암호'는 일반인이 쉽게 접하는 은행 계좌나 인터넷의 개인 계정에 진입할 때 입력하는 암호(password)의 개념과는 다소 차이가 있다. 암호법 상의 암호(encryption)는 '특정한 변환 방법을 이용하여 정보를 암호화하고, 보안인증하는 기술, 제품, 그리고 서비스'로 일종의 암호화 기술인 셈이다.

이러한 암호법은 △암호의 적용 및 관리 규제 △암호 산업의 발전 촉진 △네트워크 및 정보 안전의 보장, 국가안전 및 사회 공공이익의 보호 △공민과 법인, 그리고 기타 조직의 합법적 권익 보호가 주요 제정 목적이다.

그 목적에서도 알 수 있듯이 이 법은 디지털 사회의 기반인 정보와 네트워크의 '보호'에 초점이 맞춰져 있다. 이에 따라, 암호 기술은 국가의 엄격한 관리 및 통제를 기본 원칙으로 한다. 암호법 상 암호는 핵심암호, 보통암호, 그리고 상용암호로 구분하여 관리한다. 핵심암호와 보통암호는 국가 기밀과 관련된 것으로 암호법을 비롯하여 관련 법률, 법규, 그리고 규정에 근거하여 엄격한 관리(제7조)의 대상이다. 반면 상용암호에 대해서는 그 연구와 개발, 사용, 외국과의 기술 협력 등을 장려하고 있다.

상용암호 시장 개방을 통한 기술개발 촉진

암호법의 상용암호는 개인 및 기관의 네트워크 및 정보를 법률로 보호하고 있다(제8조). 이에 따라 알리페이(支付宝)와 같은 금융거래에서 데이터 보안 능력이 한층 강화되어, 종이화폐 없는 사회로의 발전을 더 촉진할 것으로 기대된다.

그뿐 아니라 상용암호는 금융, 통신, 세무, 사회보험, 교통, 위생건강, 에너지, 전자정부 등 국민경제 발전과 사회생활에 직접적으로 활용된다. 상용암호 발전의 촉진은 결국 중국이 안정적인 디지털 사회로 발전할 수 있는 밑거름이 된다.

특히 암호법의 제정으로 상용암호 시장의 개방이 더욱 가속화할 전망이다. 특별관리 대상을 제외하고는 중국 상용암호 시장의 진입 문턱을 대폭 낮췄다. 대신 특별관리 대상은 목록을 따로 만들어 관련 책임기관의 검사와 인증을 거치도록 규정했다. 특별관리 대상 암호제품에는 '네트워크 관련 설비 및 네트워크 안전 전용 제품' 등이 포함된다.

특별관리 목록에 포함되지 않은 상용암호 제품은 별도의 검사 및 허가가 필요하지 않기 때문에(제28조) 일반적으로 소비되는 암호 제품의 판매와 이용이 보다 용이해졌다. 다만 암호 제품에 대한 강제성 인증 규정은 없어졌지만, 자발적 인증을 권고(제25조)하고 있어 이에 주의가 필요하다. 권고성 규정은 특정한 상황에서 중국 정부가 정치적 보복 조치로 악용할 수 있기 때문이다.

한편, 상용암호 제품의 수입 및 사용도 한결 쉬워졌다. 암호법 실시 전에는 국외나 경외(境外)에서 생산된 상용암호 제품을 국내 이용자가 사용하고자 할 경우, 반드시 수입허가를 얻어야만 했다. 또한 수입된 암호 제품은 중국의 외자기업이나 경외 기관 및 개인에게만 제공할 수 있었다. 하지만 2020년 1월 1일부터 수입 암호 제품이 단순 소비 제품일 경우, 수입 상용암호 제품의 사용자에 대한 제한은 없어졌다. 또한 외국기업의 투자와 기술협력을 적극적으로 장려하고 있다.

중국 중심의 디지털화폐 시장 구축 본격화

암호법 실시는 중국의 디지털화폐 시장 선점과 통화 패권 논쟁으로 확대되는 분위기이다. 중국의 중앙은행인 인민은행이 디지털화폐를 발행할 준비를 하고 있으며, 이에 매우 적극적이라는 것은 이미 알려진 바이다. 2014년부터 이미 인민은행은 디지털화폐 발행에 관한 연구단체를 설립하고 기술적, 법률적 쟁점에 대한 검토를 시작했다.

국내외 전문가들은 중국이 디지털화폐 발행에 대한 준비가 거의 끝난 상태라고 말하며, 그 발생 시기를 보고 있는 상황이라고 판단하고 있다. 인민은행이 디지털화폐를 발행하면, 중앙은행으로서는 최초로 디지털화폐를 발행하는 것이다. 이 때문에 암호법 실시를 근거로 중국이 세계 디지털화폐 시장을 선점할 것이라는 예상이 조심스럽게 나오고 있다.

암호법은 페이스북이 개발한 민간 디지털화폐인 리브라(libra)와 같이, 금융 리스크가 비교적 높다고 판단되는 외국의 디지털화폐나 암호화폐를 '국가 및 공민의 안전'이라는 이유로 엄격하게 통제·관리할 수 있는 법적 수단이다. 경쟁 디지털화폐의 진입을 차단함으로써 중국 자체 디지털화폐 생태계의 성장이 안정적으로 진행될 수 있도록 하는 제도적 장치인 셈이다.

한편, 중국이 발행을 계획하고 있는 디지털화폐는 비트코인(bitcoin)과 같은 암호화폐와는 그 성격이 다르다. 리브라와 같이 현행 통화시스템을 그대로 적용한 것으로 인민은행이라는 중앙은행의 통제를 받으며, 위안화라는 법정화폐를 기반으로 1:1 교환이 가능하다. 단지, 거래의 수단이 실물 화폐가 아닌 디지털화폐인 것이다.

이러한 이유로 중국 디지털화폐 발행의 영향에 대해 매우 제한적이라는 의견도 적지 않다. 중국 정부도 암호기술의 연구 및 발전, 관련 산업의 진흥에 보다 초점을 두며, 달러 패권에 대한 도전이라는 인상을 남기지 않으려 조심하는 모양새다.

중국의 의도가 어떤지는 조금 더 지켜볼 일이다. 하지만 우리가 간과하지 말아야 할 것은 중국에는 이미 디지털화폐가 확산될 수 있는 사회적 기반이 마련되어 있다는 것과 중앙정부의 강력한 통화 통제권이 살아 있다는 것이다.

지금 당장은 종이 화폐를 디지털화폐로 전환하는 단계에 지나지 않는다. 하지만 암호법 실시 이후, 제정될 관련 정책성 문건, 규범, 표준 등을 활용하여 자국의 블록체인 기술 능력을 제고하고, 이를 일대일로 등의 정책과 연계하여 강력한 디지털 위안화 체계를 구축하게 될지 모를 일이다. 어쩌면 중국이 세계 통화 패권 장악을 위한 '도광양회(韜光養晦)'를 시작한 것인지도 모른다.

이가영
2020. 3. 27.

전 세계가 중국에 감사해야 한다고?

중국, 감사받기 전에 사과가 먼저

세계보건기구(WHO)가 2020년 3월 11일 '팬데믹(세계적 대유행)'을 공식 선언한 코로나19(신종 코로나바이러스 감염증)는 전 세계에 직격탄을 날렸다. 특히 코로나19의 근원지로 알려진 중국과 인접한 한국은 여전히 코로나에 시달리고 있다.

2020년 3월 25일을 기준으로 전 세계에서 확진자 수가 가장 많은 나라는 중국이다. 중국의 누적 확진자 수는 8만 1,218명, 한국의 누적 확진자 수는 9,037명이다. 단순히 확진자 수로만 계산한다면, 한국의 누적 확진자 수는 중국의 9분의 1 정도에 불과하다. 그러나 인구 대비 누적 확진자 수로 계산해 본다면, 그 비율은 매우 높은 편이다.

하지만 2020년 3월 말을 기준으로 볼 때, 한국과 중국은 모두 신규 확진자 증가 추세가 꺾인 상태다. 대규모 확진이 발생한 나라 중 신규 확진자의 증가 추세가 꺾인 나라는 단 두 곳, 한국과 중국뿐이다.

중국 내 코로나19가 조금씩 진정되면서, 후베이성의 봉쇄가 조만간 해제될 기미가 보인다. 그러나 중국은 해외 역유입으로 인한 신규 확진자가 끊임없이 발생하고 있으며, 여전히 누적 확진자 수 1위의 불명예를 안고 있다.

시진핑 중국 국가주석이 2020년 3월 10일 후베이성 우한시를 방문해 시민들에게 인사하고 있다.
ⓒ신화통신=연합뉴스

특히 발원지인 중국에 대해 사과를 요구하는 '중국 사죄론'이 대두되면서 국제사회에서 중국의 입지는 여전히 회복되지 못하고 있다. 그렇다면 중국은 코로나19의 발생, 확산, 진정의 과정에서 자국의 조치에 대해 어떻게 평가하고 있을까? 또한 코로나19에 대한 '중국 사죄론'에 대해 중국은 어떠한 입장일까?

2020년 3월, 중국에는 '코로나19의 전 세계 확산에 대해 중국의 책임이 있으므로 중국이 전 세계를 향해 사과를 해야 한다'라는 '중국 사죄론'과 '오히려 코로나19로 인해 중국 인민이 희생을 감수해야만 했으니 전 세계가 중국에 감사해야 한다'라는 '감사 중국론'이 팽배하게 맞서고 있다.

3월 20일 CCTV의 유명 앵커 추명황(邱孟煌)은 웨이보에 "우리(중국)는 사과의 마음을 담은 부드러운 말투로 주눅들 것도, 그렇다고 우쭐거릴 것

자오리젠(趙立堅) 외교부 대변인의 모습. ⓒ베이징 AP=연합뉴스

도 없이 마스크를 끼고 전 세계를 향해 절을 하고 '미안합니다. 폐를 끼쳤
습니다'라고 말해야 하지 않나?"라는 글을 올리며 코로나19의 글로벌 확
산에 대해 중국이 사과할 것을 제안했다.

　이런 추명황의 제안에 중국 네티즌은 수많은 비난을 퍼부었다. 그리
고 오히려 현재는 중국이 미국의 사과를 받고 전 세계 사람에게 감사를
받아야 한다는 주장이 우세한 상황이 되었다.

　또한, 우연인지 필연인지 추명환을 비판한 중국 네티즌의 주장은 중
국 정부의 논조와 결을 같이한다. 자오리젠(趙立堅) 외교부 대변인은 코로
나19의 발원지와 관련하여 "현재 바이러스 발원지를 찾는 작업이 진행 중
이며, 아직 결론이 나지 않았다"라고, "세계보건기구(WHO) 역시 수차례
코로나19가 세계적 현상이며 발원지는 아직 확실하지 않다고 밝혔다"라

고 주장했다. 이같은 자오의 발언은 '우한폐렴'이라는 오명을 벗겠다는 중국 정부의 기조에서 비롯된 것으로 보인다.

문제는 중국 스스로 '피해자 코스프레'를 하고 있다는 점이다. 금융 분야에서 상당한 영향력을 지닌 위챗(wechat) 계정 황성칸진룽(黃生看金融)은 '떳떳하게, 전 세계는 중국에 감사해야만 한다'라는 제목의 글을 통해 "미국이 중국에 우한폐렴의 누명을 씌웠기 때문에 미국이 중국에 사과해야 하고, 코로나를 막기 위해 큰 희생을 치른 중국에 대해 전 세계가 감사하는 마음을 가져야 한다"라는 논리를 펼친다.

특히 2020년 3월 24일 유럽의 북한이라고 불리는 벨라루스의 대통령 루카셴코와 주벨라루스 중국대사 추이치밍이 만난 자리에서 벨라루스 대통령이 중국 측 코로나19 대응 방식의 공유에 대해 감사를 표했다는 소식은 뜨거웠던 '감사 중국론'에 기름을 부었다. "중국 인민 모두가 도와주셔서 감사하다"라는 벨라루스 대통령의 발언은 매우 빠른 속도로 중국 내에 퍼졌고, 이탈리아와 일본 등 여러 국가가 연이어 중국의 도움에 감사를 표하였다는 소식 역시 벨라루스의 뒤를 이어 전해지고 있다.

한국이 여전히 코로나19의 그림자 아래에 있다는 현실에서 볼 때, 중국의 코로나 사정이 호전되고 있다는 사실은 매우 고무적이다. 그리고 중국이 우리나라를 비롯해 주변국은 물론 아프리카 국가에까지 대응·지원하고 있다는 점은 박수 받을 만하다.

그러나 중국의 초기대응 부실로 코로나가 전 세계에 확산되어 팬데믹이 선언되기까지 많은 실수와 잘못을 했다는 점에서, 중국은 전 세계를 향해 진정한 마음을 담아 사과해야 한다. 그래야만 '감사 중국론'이 전 세계에서 힘을 얻을 수 있을 것이다.

최재덕
2020. 6. 25.

흔들리는 미·중·일·러 리더들, 남북 관계 주도권 가질 절호의 기회[1]

코로나 위기 속에 만들어진 기회 놓치지 말아야

2020년 코로나 팬데믹(세계적 대유행)이 여름철이면 주춤할 것이라는 예상을 깨고 전 세계적으로 확산세를 이어갔다. 세계적으로 백신 보급이 가속화되고 있지만 아직까지 종식을 논하기에는 이르다. 코로나19는 이미 코로나19 이전(BC, Before COVID-19)과 코로나 종식 이후 (AC, After COVID-19)를 구분 짓는 뉴노멀(new normal)의 분기점이 되었다.

국가 안보의 개념은 군사 안보에서 재난, 질병, 환경문제를 포함한 '인간 안보(Human Security)' 개념으로 확대되었고, 반세계화, 자국 우선주의, 보호무역 강화 기조 속에 미중 갈등 심화, 리쇼어링(Reshoring) 촉진, 세계적 경제 대공황 우려, 글로벌 가치사슬(GVC)의 변화 등 세계질서 차원의 변화를 초래하였다. 사회적 거리 두기와 자가 격리, 화상 회의와 언택트(Untact) 마케팅의 일상화, 개인 인권과 국가 감시의 적정성, 정부의 역할 확대, 방역·의료 시스템의 취약성 등 사회·경제적, 정치·문화적 여파도

---

1   본 글은 필자가 2020년 6월 25일 프레시안에 게재한 글을 2021년 2월 현재 시점에 맞게 수정·보완하였음.

가히 상상을 초월한다.

　사회 전반에서 코로나 팬데믹의 여파가 도미노처럼 연쇄적으로 일어나고, 각 사안이 전방위적으로 확산됨에 따라 개인·사회·국가·세계질서 차원의 변화가 다시 개인의 삶에 영향을 미친다. 이런 점에서 코로나 팬데믹이라는 연쇄적이고 강력한 변화의 흐름에 어떤 개인과 국가도 예외일 수 없다.

　북한은 공식적으로 코로나19 확진자가 없다고 발표했으나, 정치적·경제적으로 코로나 팬데믹의 영향을 크게 받은 것으로 보인다. 더욱이 이번 북한의 대남 적대 행위도 그와 무관하다고 볼 수 없다.

　오랜 대북제재로 경제 구조가 취약해진 데다 대중국 경제의존도가 95% 이상인 북한이 코로나19로 인해 국경 봉쇄를 5개월여 이어가고 있다. 2020년 4월 11일 노동당 중앙위원회 정치국 회의에서 김정은 국무위원장은 "비루스(바이러스)로 인해 투쟁과 전진에 일정한 장애를 조성하는 조건이 될 수 있다"라고 언급했으며, 국가경제개발 5개년 계획이 종료되는 해이자 당 창건 75주년인 2020년 달성하고자 했던 경제적 성과도 조정했을 가능성이 높다.

　한국개발연구원(KDI)은 2020년 5월 북한의 대중국 수출이 96% 감소했다고 밝히면서, 2020년 북한의 경제 상황이 1994년 고난의 행군과 유사할 수 있다고 발표했다. 또 국제신용평가사인 피치 산하 피치솔루션스도 북한 경제 전망을 올 초 국내총생산(GDP) 3.7%에서 -6%로 하향 조정했다.

　북한은 20주년을 맞는 6.15 공동선언 즈음하여 북미 비핵화 협상 교착과 남한이 미국의 눈치를 보느라 남북 경제협력을 진행하지 못했다면서, 대북 전단 살포를 명분으로 대남 공세를 시작했다. 2020년 6월 4일 김여정 노동당 제1부부장은 담화를 통해 남북공동연락사무소 폐쇄, 금강산 관광 폐지, 9.19 남북 군사합의서 파기를 언급했다. 이에 따라 2020년 6월 16일 남북공동연락사무소가 폭파됐고, 판문점 선언 이후 철거했던 대남 확성기가 설치됐다. 그러나 24일 김정은 국무위원장이 대남 군사행동 보류 계획을 발표해 한반도 긴장 고조에는 제동이 걸렸다.

북한의 대남 공세에 미국은 세 척의 핵 추진 항공모함과 전략폭격기 등 주요 전략자산을 포진하여 북한의 고강도 도발을 억제하고 비핵화 협상 테이블로 돌아오라는 메시지를 보내고 있다. 2018년 세 차례의 남북 정상회담과 1차 싱가포르 북미정상회담으로 북미 비핵화 협상이 진전하는 듯 보였으나, 2차 하노이 북미정상회담의 '노딜(No Deal)' 이후 북미 비핵화 협상은 난관에 봉착했고, 남한이 제시했던 남북 경제협력의 청사진도 대북제재에 갇혀 진전을 이루지 못했다. 북핵 문제 해결이 어려워진 상황에서 우리 정부는 '개별관광' 등 '할 수 있는 것부터 하자'라고 제안했고, 대북 특사 파견도 제안했지만 받아들여지지 않았다.

이번 대남 공세는 2차 북미정상회담으로 김정은 국무위원장의 무결점주의에 타격, 코로나19로 인한 경제적 어려움 가중, UN 대북제재 강경기조 유지에 대한 불만, 교착 상태의 북미 관계 판 흔들기, 남한 책임론으로 북한 내부의 불만을 잠재우기 등의 복합적인 이유에서 비롯된 것이라고 볼 수 있다.

코로나19로 흔들리는 4강 리더십

한반도는 역사적으로 주변 열강의 이권 경쟁에 따라 많은 부침을 겪어 왔다. 제2차 세계대전 종식과 함께 맞이한 광복도, 한국 전쟁 휴전협정도 자주적으로 이루어지지 못했다. 사실 남북 관계가 도돌이표 속에 갇힌 것도 한반도에 대한 영향력 확보를 둘러싼 미·중·일·러의 정치적 개입과 과도한 관여로 인한 영향이 크다.

코로나19 이전 미·중·일·러 리더들의 강한 리더십은 남북한의 셈법을 더 복잡하게 만들었다. 미국은 북한의 단계적 비핵화 요구에도 절대 타협 없는 '선(先) 비핵화, 후(後) 보상'을 고수하며 하노이 북미 정상회담을 노딜로 끝낸 뒤 북미 비핵화 협상을 진전시키지 않았다.

중국은 북한이 비핵화를 선언하자, 북한에 대한 영향력을 확대하고자 집권 후 6년 넘게 만나지 않던 김정은 국무위원장을 2018년 초부터 1년 반 사이 다섯 차례 만나며 혈맹 관계를 회복하고 공산주의 국가로서 북·중의 전략적 협력을 과시했다.

러시아는 중국과 경제적, 군사적 협력을 강화하는 한편 2019년 7월 23일 중국과 러시아 전투기가 북방한계선(NLL)에서 합류해 한국방공식별구역(KADIZ)에 진입했다가 러시아 군용기 1대가 독도 영공을 두 차례 침범하는 등의 사건을 일으키며 건재함을 과시했다.

일본도 보통국가로의 개헌을 준비하며 미일동맹을 강화하고, 북한과 조건 없는 대화를 하겠다고 나섰다. 4강의 견고한 프레임 속에서 비핵화를 추진하고자 하는 남북한은 운신의 폭이 매우 좁았다.

그러나 코로나19라는 대혼란의 시험대 위에서 견고해 보이던 4강의 리더십에 취약성이 드러났다. 한반도를 둘러싼 4강의 견고한 국제정치적 프레임에 균열이 생긴 것이다. 미국의 국내적 혼란을 수습해야 하는 바이든 대통령, 미중 패권 경쟁과 전랑외교(戰狼外交)로 고립을 자처하는 시진핑 중국 국가주석, 코로나 대응 실패로 조기 퇴진한 아베 총리를 이어 취임한 스가 총리, 저유가와 경제성장률 하락으로 민중 시위가 계속되는 러시아의 푸틴 대통령. 이들 모두 한반도 문제에 개입할 여력이 없는 상태다. 현 상황으로 미루어 보아 적어도 2021년까지 미·중·일·러는 국내 문제를 극복하기 바빠 한반도 문제에 적극적으로 개입할 여력이 없어 보인다.

코로나 팬데믹은 한반도를 둘러싼 미·중·일·러 4강의 리더십을 시험대 위에 올려놓았다. 미국은 국경 봉쇄령과 경제 셧다운을 통해서도 코로나19 확산을 막지 못했고, 사망자가 50만 명(2021년 2월 말 현재)에 육박하고 있다. 미국은 트럼프 행정부의 무능한 대처에 대한 비판을 중국 책임론으로 돌리며 미중 갈등을 이념적 대립, 민주주의 대 공산주의의 대립으로 확산시켰다. 2021년 1월 20일 취임한 바이든 대통령은 중국을 상대로 민주주의 국가들의 연대와 동맹 강화를 주장하고 있으며, 이에 중국은 미국의 패권주의에 맞서 다자주의의 중요성을 강조하고 있다. 민주주의 국가들의 단결을 외치며 글로벌 리더의 지위를 회복하려는 미국, 국익중심으로 미중과 관계를 맺고자 하는 유럽·아세안 국가들, 다자주의를 강조하며 사회주의 현대화 강국을 건설하려는 중국 사이에 대립과 협력이 혼재하면서 새로운 미중패권경쟁 양상이 전개될 것이다.

중국도 포용적인 국가의 면모를 발휘하기 위해 '친·성·혜·용(親誠惠容)', '인류운명공동체', '호혜공영(互惠共榮)' 등 평화담론을 주장해 왔지만, 평화담론(平和談論)과 전랑외교(戰狼外交)의 괴리, 대중국 경제의존도를 이용한 경제 보복, 코로나19 원인 규명과 공동조사 거부 등으로 신뢰하기 어려운 국가가 됐다. 2020년 5월 말 양회를 통해 중국의 방역 성공과 코로나 승리를 자부했지만, 베이징에서 다시 확진자가 늘고 있어 중국 정부의 능력이나 통제 수칙에 의심이 제기되고 있다.

중국은 코로나19 확산의 책임을 묻는 국가에 경제 보복으로 대처함으로써 고립을 자처하고 있다. 이번 공동연락사무소 폭파 사건에 대한 논평에는 기존 논평에서 보였던 '중국의 건설적인 역할'에 대한 언급은 빠져 있고, 2020년 6월 17일 하와이에서 열린 미·중 고위급 회담에서도 북한 비핵화 이전까지 대북제재를 유지하겠다는 입장을 전하며 이번 대남공세에 중국이 관여하지 않을 것임을 시사했다. 코로나19 바이러스 발원지 논란, 홍콩 국가보안법 강행, '미·중 1단계 무역 합의' 이행 여부 등 중국이 당면한 문제 해결에 주력해야 할 것으로 보인다.

일본은 코로나19로 리더십이 교체되는 초유의 사태가 벌어졌다. 아베 전 총리는 자신의 업적으로 남기고 싶었던 도쿄올림픽 연기, 코로나19에 대한 정치적 대응, 최측근의 비리, 일본 경기 회복 불투명 등의 악재가 겹쳐 조기 퇴진을 맞았다. 새로 취임한 스가 총리도 국내 문제 해결의 어려움으로 남북문제에 관여할 여력이 없다.

러시아는 코로나19의 재확산 우려, 저유가 등으로 2020년 국내총생산(GDP) 증가율이 전년 대비 마이너스 4.0%를 기록했다. 러시아는 411만 명 이상의 코로나 확진자가 발생했고, 8만 명 이상(2021년 2월 말 현재)이 사망했다. 3연임 금지조항 폐지가 확정되어 2024년 푸틴 대통령이 대선에 재출마해 84세가 되는 2036년까지 6년 임기의 대통령직을 연임할 수 있게 되었지만 내부적으로 정치적, 경제적 불안이 가중되고 있다. 지지율이 하락하고 있는 푸틴 대통령은 코로나19 상황에도 불구하고 2020년 7월 1일 국민투표를 위해 아파트, 자동차, 스마트폰, 현금 등을 걸고, 공무원에게는 투표 증거를 제시하도록 하는 등 공격적으로 국민투표를 독려했다. 3연임 폐지 개헌안이 통과되어 종신집권의 길을 열어 두었지만, 그는 코로나 19 확산과 러시아의 경제성장률 하락, 화석 에너지 수출에 편중된 경제 구조, 지역 발전의 불균형 등의 어려움을 안고 있다.

남한이 해야 할 일

문재인 대통령은 2020년 6월 15일에 주재한 수석보좌관회의에서 "북한의 대남 공세로 6.15 남북공동선언 20주년을 무거운 마음으로 맞이하게 됐지만, 남북의 상황이 엄중할수록 우리는 6.15 선언의 정신과 성과를 되돌아봐야 한다"라고 밝혔다.

문 대통령은 또 "김대중 대통령과 김정일 국방위원장이 직접 만나 대화함으로써 이산가족상봉, 남북 철도와 도로 연결, 금강산 관광 시작, 개성공단이 가동됐다. 평화가 커졌고, 평화가 경제라는 사실도 확인할 수 있었다"라며 북한의 대남 군사 조치 예고에도 기존의 대북정책을 밀고 나갈 뜻을 밝혔다. 특히 "남북이 함께 가야 할 방향은 명확하다. 구불구불 흐르더라도 끝내 바다로 향하는 강물처럼 남과 북은 낙관적 신념을 가지고 민족 화해와 평화와 통일의 길로 더디더라도 한 걸음씩 가야 한다"라면서 "김정은 위원장과 8,000만 겨레 앞에서 했던 한반도 평화의 약속을 뒤로 돌릴 수 없고 4.27 판문점 선언과 9.19 평양공동선언은 남과 북이 모두 충

2020년 6월 18일 오후, 강원 평창군 대관령면 티롤 갤러리에서 열린 6·15공동선언 20주년 기념 사진전에서 관객이 과거 남북 정상이 만나는 사진을 둘러보고 있다. ⓒ연합뉴스

실히 이행해야 할 엄숙한 약속이며 어떠한 정세 변화에도 흔들려서는 안 될 확고한 원칙"이라고 했다.

코로나 팬데믹이라는 세계적인 대혼란으로 한반도에 영향력을 미치는 4대 강국의 리더십이 흔들렸다. 이는 그들이 자국의 문제에 집중하게 함으로써 한반도 문제 개입 여지를 줄였다. 역으로 남북한은 이 기간을 기회로 삼아 대북제재를 적극적으로 해석하여 협력 분야를 확대하고 더욱 전면적인 협력을 추진해야 한다. 미국과 중국을 설득해 나가면서 남북한이 주도하여 남북 경제협력의 문을 열고 북한이 다시 국제사회에서 비핵화와 한반도 평화를 위해 대화 테이블로 나오도록 여건을 마련해야 한다.

중요한 것은 남북한의 비핵화 의지와 평화·번영에 대한 열망이다. 6.15 공동선언 1조에는 "남과 북은 나라의 통일 문제를 그 주인인 우리 민족끼리 서로 힘을 합쳐 자주적으로 해결해 나가기로 하였다"라고 명시돼 있다.

우리는 한반도 문제의 당사자임을 잊지 말아야 한다. 세간에 회자되는 존 볼턴의 회고록이 얼마나 신빙성이 있는지는 검증할 수 없다. 그러나 확실한 것은 38도선을 그어 한반도 분할 점령을 결정할 때도, 남과 북이 한반도 비핵화 실현을 간절히 바라며 온 겨레가 가슴 졸이며 지켜 보았던 북미정상회담도 우리에겐 국가의 운명이 걸린 중대 사안이지만 그들에겐 너무 가볍다는 것이다.

북한이 다시 남한과 적극적인 대화의 자리로 나와서 함께 미국을 설득할 때, 남북이 주도권을 쥐는 한반도 평화 프로세스가 진행될 것이며 한반도 신경제지도의 초석을 놓을 수 있을 것이다. 남과 북의 신뢰와 협력으로 이룩한 평화여야만 4강의 정치적 개입에 흔들리지 않을 것이며, 진정한 한반도의 평화가 실현될 것이다. 4강의 리더십이 흔들리는 지금, 한반도 평화를 위해 남과 북이 주도권을 강화할 수 있는 절호의 기회가 왔다. 남한과 북한은 이 기회를 살려 평화 한반도의 미래를 향해 다시 한 번 민족 화합을 위한 큰 걸음을 내디뎌야 한다.

중국, 2050년 우주전쟁에서 미국 넘어선다?

중국의 우주 굴기와 〈우주법(航天法)〉 제정

오늘날 중국의 우주개발은 중국 고대 신화를 현실 세계에 구현하는 방법으로 진행되고 있다. '톈궁(天宮)'은 우주정거장으로 사용하기 위해 쏘아 올린 우주기지들에 붙인 이름으로 '하늘 궁전'이라는 의미다. 이는 중국 창세기 신화인 반고신화(盤古神話)에서 유래한 이름이다.

달 탐사선인 '창어(嫦娥)' 역시 중국의 고대 신화 속 달의 여신에서 유래한 단어다. 달 탐사 로봇 '위투(玉兔)'는 달에서 떡방아를 찧는 옥토끼에서, 중계 통신위성인 '췌차오(鵲橋)'는 칠월칠석에 견우와 직녀가 만나는 오작교에서 유래한 이름이다.

중국은 개혁개방 40주년을 전후로 우주 굴기(宇宙崛起)를 내세우며, 2019년 1월 3일 무인 탐사선 창어 4호가 인류 최초로 달 뒷면 착륙에 성공하였다. 이로써 중국은 21세기 들어 유일하게 달에 두 번이나 도달한 국가가 됐다. 또 2019년에는 34번의 우주 비행을 마치면서 우주 비행을 가장 많이 한 나라로 기록됐다.

중국은 60개 이상의 위성을 궤도에 배치하는 것과 함께 2022년까지 자체 우주정거장을 갖춘다는 계획을 세우고 있다. 나아가 2025년까지 인류 최초의 달 기지를 건설하고 5년 내에는 유인화한다는 목표를 세웠다.

중국과학원의 예페이젠(叶培健) 원사는 달과 화성을 각각 영유권 분쟁 중인 센카쿠열도(중국명 '댜오위다오, 釣魚島')와 스카버러암초(중국명 '황옌다오, 黃巖島')에 비유하며 "다른 사람이 먼저 가면 후손이 우리를 탓할 것"이라는 발언으로 우주개발 계획의 의지를 분명하게 밝히고 있다.

중국의 '우주의 날' 제정과 우주 굴기

중국 우주개발의 의지는 매년 4월 24일을 '우주의 날(中國航天日)'로 정하고 기념하는 점에서도 나타난다. '우주의 날'은 중국 정부가 2016년에 우주개발을 시작한 지 60주년을 맞이하여 이를 기념하고자 제정했다. 우주개발의 역사를 깊이 되새기고 탐험 정신을 계승하면서 중화민족의 부흥, 즉 '중국의 꿈(中国梦)'을 우주에서 실현하려는 목적이다.

중국의 우주개발 역사는 1970년 4월 24일 첫 번째 인공위성인 '동평홍 1호(東方红─號)'를 성공적으로 발사하면서 시작됐다. 당시 이 위성 발사로 중국은 미국과 소련 주도의 우주개발 역사에 새로운 족적을 남기면서, 우주 강국으로의 면모를 전 세계에 과시했다. 동평홍 1호의 성공을 계기로 중국이 우주 산업에 자신감을 갖는 촉매제가 된 셈이다.

'둥평홍(東方红)'은 "东方红太陽升, 中国出了个毛泽东(동방에 붉은 태양이 솟아오르자, 중국에 마오쩌둥이 나타났다)"라는 내용이 담긴 중국의 혁명가곡 제목이다. 동평홍 1호의 성공은 '중국 로켓의 아버지'로 불리는 첸쉐썬(钱学森) 박사가 미국에서 돌아와 15년 만에 이룬 성과였다. 첸 박사는

1935년 국민당 정부 시절, 미국 정부의 지원으로 미국에서 유학하고 제2차 세계대전 당시 로켓 개발에 큰 역할을 했다.

첸 박사는 1949년 중화인민공화국의 건국으로 중국과 미국이 적대 관계가 된 이후 미국에서의 활동에 제약을 받던 중, 마오쩌둥(毛澤東)의 적극적인 구애를 받고 1955년에 중국으로 돌아왔다. 그는 당시 독자적인 인공위성 발사를 요구한 마오쩌둥에게 5년 기초과학, 5년 응용과학, 5년 설계·제작을 합쳐 총 15년의 준비 기간과 전폭적 지원을 요구했다. 마오쩌둥은 이를 흔쾌히 받아들였고, 첸 박사는 1970년 4월 24일 로켓 '창정 1호(長征一号, CZ-1)'와 인공위성 '동평훙 1호'로 약속을 지켰다.

우주개발 계획에는 천문학적 예산이 필요한데, 중국은 국가의 특성상 자금을 적시에 투입할 수 있는 체제를 갖췄다. 톈위룽(田玉龙) 중국국가항천국(CNSA) 전 비서장은 "중국의 모든 우주개발 전략은 돈"이라며 "후발주자인 중국이 다른 나라보다 앞서려면 막대한 규모의 투자가 필요하며, 향후에는 이런 투자의 결과로 천문학적인 가치와 이윤을 얻을 수 있을 것으로 기대한다"라고 말했다. 세계가 코로나19와 맞서 싸우는 동안에도 중국은 막대한 자금력으로 우주개발을 향한 노력을 가속화하고 있다.

중국의 〈우주법(航天法)〉 제정과 '우주계획 2050'

중국은 우주개발 계획의 시작과 함께 1983년과 1988년에 각각 UN의 '우주조약(Outer Space Treaty, 外空条約)'과 '책임조약(责任公约)' 등 국제조약에 가입했다. 또한 1998년에는 연구와 우주 관련 입법을 위하여 '국방과

학기술위원회'를 건립했다. 그런데도 중국에는 지금까지 통합적이고 체계화된 〈우주법(航天法)〉이 없었다.

그동안 중국의 우주 관련 법규는 2001년의 〈우주 공간에 발사된 물체의 등기관리방법(空间物体登记管理办法)〉, 2002년의 〈민용우주발사 허가관리 임시방법(民用航天发射许可证管理暂行办法)〉, 2009년의 〈위성통신망 건립과 기지국 설치 사용 관리 규정(建立卫星通信网和设置使用地球站管理规定)〉, 2016년의 〈민용위성공정관리잠행방법(民用卫星工程管理暂行办法)〉 등으로 구성되어 있어 산적한 우주개발 계획을 뒷받침할 입법이 부족했다.

그리고 중국의 항공과 관련한 유일한 법률이 1995년 제정된 〈민용항공법(民用航空法)〉으로 그 규율 범위가 단지 민용 항공에 한정되어 우주 공간과 관련된 내용을 규율하지 못하고 있었다. 즉, 현재까지 중국에서 우주개발과 관련된 법규는 행정규장(行政規章) 차원의 입법만이 존재하고 국가 입법 기관인 전국인민대표대회가 제정한 법률이 존재하지 않았다.

2014년 11월 17일 베이징에서 개최된 UN우주법세미나(United Nations Seminar on Space Law)에서 중국국가우주국(CNSA) 전비서장인 텐위롱(田玉龙)은 〈우주법(航天法)〉 입법이 국가 우주계획에 포함되어 있다고 공표했다.

중국 〈입법법(立法法)〉은 제8조 1호에서 반드시 전국인민대표대회가 제정한 법률(法律)에 의한 것으로 '주권에 관한 사항'을 규정하고 있다. 즉, 우주는 국가자원, 영공과 관련된 것이고 국가안전 및 공공이익과 밀접하게 관련되어 있어서 '주권에 관한 사항'에 포함된다는 것이다. 이에 따라 중국은 제13기 전인대 상무위원회의 입법계획(立法规划)을 통하여 2020년 〈우주법〉의 제정을 목표로 현재 입법작업을 진행 중이다.

장래 입법될 중국의 〈우주법〉에서는 그동안 전인대가 제정한 유일한

중국의 차세대 운반 로켓 '창정(長征) 8호'가 2020년 12월 22일 하이난성 원창(文昌) 우주 발사장을 이륙하고 있다.
ⓒ연합뉴스

관련 법률이었던 〈민용항공법〉의 그 규율 한계를 극복하고 새로운 입법을 통하여 영공의 분류 관리와 관련 시스템의 근본적인 문제 해결이 가능하다고 판단하고 있다. 즉, 영공의 분류와 관리체계, 근무표준을 명확하게 하고 영공 사용 절차의 간소화, 영공 사용 권리 보장 등도 분명히 규정할 것으로 보인다.

중국은 〈우주법〉의 제정과 함께 '우주계획 2050(中国航天计划)'에 따라 2050년까지 지구와 달을 포괄하는 우주 경제권을 구축하겠다는 장기 비전을 제시하고 있다. 그리고 2045년까지 우주 기술과 개발 분야에서 글로벌 선두 주자로 부상한다는 목표에 따른 우주개발 계획 보고서를 마련하고 태양계 행성 탐사용 우주 기술과 핵 추진 우주왕복선 개발 등을 추진

중이다. 2010년 중국 공군 지휘부 교재에 "우주는 미래의 전쟁터"라고 명시돼 있듯이 미래 패권을 위한 우주 전쟁에서 이기려는 강력한 의지를 내보이고 있다.

과거 미소 간의 우주 경쟁이 인류의 달 착륙을 성공으로 이끌었다면, 오늘날 미중 간의 우주 경쟁은 새로운 우주 과학기술의 발전을 촉진하고 있다. 우리나라도 2005년 〈우주개발 진흥법〉을 제정하고 우주개발에 적극적으로 참여하려는 의지를 내보이고 있지만, 우주개발 선진국에 비할 바가 아니다. 적극적으로 우주개발에 관심을 제고하고 한국형발사체(KSLV-2) '누리호'의 성공적인 발사와 한국형 달 탐사선의 개발을 통하여 우주 강국으로 성장하기를 기원해 본다.

유지원
2020. 7. 24.

중국에서 떠오르는 '애국 소비',
중국에만 좋은 일?

역사를 통해 본 중국의 '궈차오(國潮)' 마케팅

2018년 3월, 도널드 트럼프 미국 대통령이 중국 제품에 고율 관세를 부과하는 행정명령에 서명하며 시작된 미중 간의 무역전쟁은 최근 홍콩 문제와 겹치면서 더욱 심각한 위기로 치닫고 있다.

특히 홍콩 보안법 발효 직후부터 영국이 '재외교민여권(BNO)'을 소지한 홍콩인 300만 명가량을 받아들이겠다고 밝히자, 중국은 "노골적인 내정간섭"이라고 반발했다. 최근 영국 정부도 자국의 5G 이동통신 사업에 중국 통신장비 업체인 화웨이의 참여를 배제하고 기존 장비도 제거하겠다고 발표하면서 중국과 영국의 관계도 급격히 냉각되었다.

이러한 대외적 위기상황과 코로나19 사태를 계기로 요즘 중국에서는 2018년부터 유행하기 시작한 '궈차오(國潮)' 마케팅이 강력한 소비 트렌드로 자리 잡았다. '궈차오'라는 말은 중국의 전통문화를 의미하는 '궈(國)'와 트렌드라는 뜻의 '차오(潮)'가 결합된 단어로, '궈차오 상품'은 중국화(化), 트렌드화, 글로벌화의 세 가지 요소를 갖추면서 중국 문화의 특징을 구비한 중국 디자이너들이 만든 브랜드 제품을 가리킨다.

최근 한국무역협회 베이징 지부는 차이나 마켓 리포트(CHINA Market

Report)에 발표한 「중국 브랜드의 굴기(崛起)와 애국마케팅」이라는 보고서를 통해 "최근 미중 무역분쟁 장기화에 따른 중국 내 위기의식 고조, 자국산 제품 품질 개선, 정부의 로컬 브랜드 강화 정책 등으로 중국 소비자들의 자국 브랜드 선호 성향이 점차 확산"되고 있으며, 특히 "1990년대 출생을 뜻하는 '지우링허우'와 2000년대 출생을 뜻하는 '링링허우'로부터 큰 호응"을 얻어 10~20대 소비자를 중심으로 자국 문화와 제품을 중시하는 '애국 소비'가 확산되고 있다고 분석했다.

또한 이 보고서에서는 "중국 정부도 '제조 대국'에서 '제조 강국'으로의 전환을 꾀하며 로컬 브랜드 강화 정책을 잇달아 발표하는 등 자국 제품 이용을 적극 장려하고 있다"라고 지적하면서, 현재 중국에서는 '궈훠정땅차오(國貨正當潮: 국산이 바로 트렌드다)'의 열풍이 불고 있음을 주지했다.

보고서에서는 "우리 기업들도 제품과 서비스 등에 있어서 중국 문화를 접목한 '궈차오 마케팅'을 적극 활용하는 한편, 가성비를 뛰어넘는 프리미엄화 전략이 필요하다"라고 강조했다.

이러한 중국의 '궈차오 마케팅'은 한국과 중국 양국의 역사에서 이미 수차례 경험한 바 있다. 바로 직전의 경험으로는 2019년 우리나라에서 일본의 경제 보복에 대응하여 대대적으로 진행된 일본상품 불매운동(NO Japan)을 꼽을 수 있다.

이보다 훨씬 이전부터 우리나라에서는 비슷한 운동이 여러 차례 발생했었다. 일제강점기의 '물산장려운동'과 광복 후 일본의 역사 왜곡 및 망언 등으로 인한 일본상품 불매운동도 그 사례다. 대표적인 예로 1995년 광복 50주년 역사 바로 세우기 운동 때나 2001년 일본 후쇼샤 출판사 역사 왜곡 교과서 파동, 2005년 일본 시마네현의 '다케시마의 날' 조례 제정,

2011년 일본의 독도 영유권 주장 때의 불매운동 등을 꼽을 수 있다.

　우리 역사에서 가장 의미 있는 불매운동 관련 활동으로는 바로 1920년대 '조선물산장려운동'을 꼽을 수 있다. 일제강점기 한반도에 일본 상품이 밀려 들어옴으로써 민족 산업이 매우 어려운 상황에 부닥치게 되었다. 수많은 민족기업이 도산하거나, 일본 자본에 의존하게 되면서 우리나라의 경제가 일본의 지배하에 놓이게 된 것이다.

　이에 3·1운동 이후 민족 지도자들이 중심이 되어 물산장려운동을 전개하였는데, 그 시작은 1920년 7월 20일에 조만식(曺晩植) 선생 등이 중심이 되어 설립한 자작회(自作會)가 평양에서 '조선물산장려회'를 창립하고 소비조합을 비롯한 민족 기업의 설립을 촉진하면서부터다. 그 후 인천을 거쳐 1923년 1월 9일 20여 개의 민족단체 대표 160여 명이 서울에서 '조선물산장려회'를 창립함으로써 전국으로 확산해 갔다.

　이 운동의 기본 정신은 민족 기업을 세우고 국산품을 애용해 경제 자립의 토대를 닦고자 하는 것이다. 그러나 이후 일제가 이 운동을 새로운 민족 운동으로 간주하고 탄압하면서, 더는 발전하지 못하였고 참여 열기도 줄어들어 결국은 유야무야되었다.

　이렇게 일제의 경제 수탈과 민족 말살 정책에 항거해 일어났던 물산장려운동은 국산 제품을 써서 민족 자본을 형성하고, 그 자본을 바탕으로 조선의 경제 자립을 추구하였던 독립운동의 한 방법이라고 할 수 있다.

　중국에서도 외화(外貨) 배척운동은 20세기 초부터 여러 나라를 대상으로 다양하게 발생했다. 최근 중미 관계와 무역전쟁 그리고 '궈차오' 유행과 관련하여 볼 때, 가장 관심이 가는 것은 1905년에 발생한 '미국상품불매운동(The Anti-American Boycott of 1905)'이라고 할 수 있다.

중국의 '미국상품불매운동' 배경이 된 것은 소위 '중국인 배척법안 (Chinese Exclusion Law)'이다. 이 법안은 모든 중국인 노동자의 미국 입국을 금지하는 것은 물론 중국인의 미국 입국에 제한을 두는 것을 골자로 하는 15개조 내용으로 구성되었다.

1882년 5월 미국에서 입안된 이 법안은 몇 차례 개정과정을 거쳐 1894년 당시 주미 중국 공사와 10년간 효력을 지닌 조약으로 체결되어, 1904년에 그 효력이 만료되는 것이었다. 그래서 중국 정부는 여러 차례에 걸쳐 조약 개정을 요구하였지만, 미국 측은 철저히 무시하면서 여전히 중국인을 차별하는 조치를 유지하고자 하였다. 이러한 미국의 중국인에 대한 차별적 대우가 '미국상품 불매운동'을 촉발한 직접적 원인이 되었다.

1905년 5월 10일, 중국 상해(上海)의 상무총회(商務總會)는 다음의 두 가지 결정을 내리게 된다. 첫째는 미국 정부가 '중국인 배척법안'을 더욱 강화하려는 개정 시도를 중국 정부가 앞장서서 반대해야 하며, 둘째는 미국 정부에 2개월 이내에 '중국인 배척법안'을 철회하도록 요구하고, 이 요구가 받아들여지지 않을 경우 상품불매운동을 포함한 반미운동을 전개한다는 것이다.

이렇게 시작된 미국상품 불매운동은 1906년 초까지 계속되었다. 초기 단계에서는 각급 상인단체 등이 주도하여 상품불매운동 형식으로 진행되다가, 1905년 7월 말, 필리핀 화교 출신으로 미국에서 노동자로 불법 체류하다가 체포되어 송환된 풍하위(馮夏威)가 상하이 미국 영사관 앞에서 배척법안 철회와 상품불매운동을 촉구하면서 음독자살하는 사건이 발생하면서 더욱 과격해졌다.

이때부터 주도 계층도 상인단체뿐만 아니라 소상인, 학생, 관료 등으로 다양해지고 다수의 민중이 적극적으로 참여하면서 전국으로 확산됐으며, 운동의 성격도 상품불매운동 단계를 뛰어넘어 반미운동으로 변화했다.

이렇게 중국에서 미국상품 불매운동이 시작된 초반에는 미국이 중국 정부에 압력을 넣어 운동 세력을 진압하려 했다. 하지만 운동이 더 과격해지면서 확산되자 무력 사용까지 검토하였다가 중국 현지 사정에 밝은 주중 외교관들의 반대로 포기하고, 결국은 중국 측 요구사항을 반영한 신(新)배척법안으로 개정하는 준비를 하게 되었다. 그러다가 1906년 들어 중국 내 미국상품 불매운동이 점차 쇠퇴하고, 4월에 발생한 샌프란시스코 대지진으로 인하여 법안 개정 반대 세력의 입지가 강화됨으로써 법안 개정도 무산되었다.

중국에서의 미국상품 불매운동을 통해 비록 '중국인 배척법안'을 폐기하거나 개정하지는 못하였으나, 미국의 영사제도와 이민국 관리들의 태도 변화 그리고 책임자 처벌 등을 끌어낼 수는 있었다.

이후에도 중국에서는 1908년 이진환(二辰丸)호 사건으로 상해(上海), 광서(廣西), 홍콩 등지에서 발생한 일본상품 배척운동이 있었다. 또한 오사운동 시기에도 전국에 걸쳐 일화(日貨) 배척운동 및 국산품(國貨) 애용운동 등이 광범위하게 발생했다. 이 밖에도 1925년 광주(廣州)에서의 영국상품 배척운동과 만주사변 발생 후 1931~1932년의 일본상품 배척운동도 일어났다.

이상에서 살펴본 중국에서의 외국상품 배척운동 중에서 1905~1906년에 전개된 미국상품 불매운동은 최근 중국에서 불고 있는 '궈차오' 열풍과 대비해서 생각할 때 시대적 상황, 국제관계 등 여러 방면에 걸쳐 현격히 다른 배경이 많아서 단순 비교는 불가능하다. 비록 1905~1906년의 미국상품 불매운동은 당시 중국의 처지에서 보자면, 대미외교를 주도적으로 진행할 수 없는 상황에서 민중의 힘으로 '중국인 배척법안'의 폐기·개정을 끌어내지는 못했다. 하지만 미국의 대중(對中) 정책 변화의 단초를 마련했다는 점에서 나름대로 의미 있는 운동이었다.

현재 중국의 '궈차오'열풍이 중국 내 소비 진작을 끌어낸다면, 이는 내수시장 확대와 대외무역의 성장으로 이어지면서 국제경제 발전에도 긍정적으로 작용하는 측면이 분명히 있을 것이다. 즉 '궈차오' 열풍으로 중국의 로컬 브랜드가 우수한 품질로 세계적 경쟁력을 갖추게 된다면, 거시적으로 볼 때 이는 곧 세계 경제에도 공헌하는 셈이 될 것이다.

다만 오늘날과 같이 세계화 시대에 자국의 이익만을 추구하는 애국적 민족주의는 많은 부작용을 낳을 수도 있다. 그러므로 중국의 '궈차오' 열풍이 자국의 이익만을 추구하는 국수적 이기주의로 변질되지 않아야 할 것이다.

팬데믹, 불경기 시대에 글로벌 리더 있나

미중 선택 강요 속에 근본적인 고민이 필요하다

2018년 7월, 미국이 340억 달러가량의 중국산 제품에 25% 관세를 부과한다고 밝히며 중국과의 무역 전쟁이 시작되었다. 당시는 적지 않은 사람이 미국과 중국 경제는 서로 깊이 의존하고 있기에 양국은 머지않아 협상을 통해서 문제를 해결하리라 전망하였다.

그러나 2년이 지난 지금까지 양국의 갈등은 지속되고 있으며, 오히려 다각도와 전방위로 확대되고 있다. 현재는 양국이 불가피한 전략적 경쟁을 이어가고 있다는 견해가 다수이다.

실제로 2020년 중국의 홍콩 국가보안법 제정, 미국의 홍콩 특별지위 박탈과 캐리 람 홍콩 행정장관 등 중국 관료 제재, 중국의 마크 루비오 미국 상원 정보위원회 위원장 대행 등 미국 인사 제재, 중국의 휴스턴 주미 영사관 폐쇄, 미국의 청두 주중 영사관 폐쇄, 미국의 화웨이(华为)·틱톡(抖音)·위챗(微信) 등 중국 IT산업 제재, 앨릭스 에이자(Alex Azar) 미국 보건복지부 장관의 타이완 방문 및 총통과의 만남 등으로 미중은 물론 전 세계 언론이 시끄러웠다.

현재 미중은 이러한 주고받기식 공격과 갈등에 어느 때보다 몰두해 있다. 이 같은 상황은 양국이 글로벌 패권을 차지하려 벌이는 일종의 전략 경쟁 일환으로 분석된다. 그런데 세계가 '코로나19'라는 역대급 팬데믹과 그로 인한 경기 침체에 시달리는 현실에서, 즉 글로벌 리더십이 절실한 상황에서 리더의 지위를 다투는 양국이 목표에 걸맞은 책임감과 리더십을 보여주고 있는지 의문이다. 현재로만 판단하면 오히려 위기를 가중시킬 따름이다.

글로벌 강대국 미국의 리더십 어디 있나?

제2차 세계대전 종전 이후 지난 수십 년간 세계를 이끌었던 미국의 강력한 국력과 리더십은 상대적 쇠락을 드러내는 모습이다. 중국이 1979년 이후로 급속한 경제 성장을 거듭하며 미국의 지위를 위협하는 세계적인 강대국으로 성장하였기 때문이다. 나아가 이제는 중국이 경제력을 기반으로 정치, 경제, 국방, 과학 기술 등의 각 분야에서 미국의 지위를 압박하는 상황이다. 이러한 상황에서 미국이 압도적 하드파워로 세계를 좌우하기는 어려운 실정이다.

더욱 심각한 것은 미국의 소프트파워마저도 과거의 위세를 잃어가고 있다는 사실이다. 미국이 글로벌 리더로서 인정받은 것은 그 자유주의, 다자주의 기조가 세계의 공감과 인정을 얻어냈기 때문이다. 그러나 최근 미국의 행태, 즉 자유주의와 다자주의에 반하는 일방주의적 행보는 미국이 전 세계의 신뢰를 잃도록 만드는 상황이다. 미국의 공격적 언행은 미국과 대척점에 서 있던 국가뿐만 아니라 그 동맹국과 우방까지 상대를 구분하지 않았다.

물론 미국은 세계에서 가장 강력한 국가이다. 그러나 세계가 팬데믹과 관련한 경제적 불경기로 혼란이 극심한 상황에서 그들과 더불어 흔들리며 나아갈 방향을 제시하지 못하는 나라로 전락하였다. 나아가 미국은 2020년 11월 대선을 앞두고 있으며, 근래 인종차별 반대 시위까지 얽히면서 내부적으로 극심한 소요와 분열에 시달리는 상황이다. 그렇게 세계의 리더로서 존재감 상실은 물론이고 중국에 책임을 전가하는 옹졸한 모습을 보이면서 신뢰를 저버린 상황이다.

새로운 강대국 중국은 리더의 자격 있나?

그렇다면 국력의 급속한 신장을 이루면서 현재는 미국과 경쟁하며 글로벌 리더를 지향하는 중국의 모습은 어떠한가? 중국은 '코로나19' 발원지로 발생 초기 확진자 및 사망자 숫자가 모두 압도적인 세계 1위를 기록하였다. 그러나 정부의 강력한 대응과 통제로 현재는 전 세계 그 누구보다 빠르게 안정세로 접어든 상황이다. 심지어 스스로 극복한 이후에 여전히 상황이 심각한 타국에 물적, 인적 자원을 제공하는 국가로 거듭났다.

그뿐 아니다. 2018년 이후 미국과의 무역 갈등으로 중국이 위기에 처했다는 보도가 이어지고 있지만, 중국은 여전히 성장 잠재력이 큰 나라이다. 주요 경제국 중에 중국만 한 규모에 성장세를 보이는 국가는 여전히 찾아보기 어렵다. 나아가 최근에 중국은 누구보다 빠르게 코로나19 위기에서 벗어나 2/4분기 성장률 반등에 성공한 상황이다. 그리고 며칠 전에는 포춘지 선정 '세계 500대 기업' 중 중국 기업 숫자가 처음으로 미국을 넘었다는 소식도 전해졌다.

그러나 미국에 이어서 중국이 글로벌 리더를 담당할 역량이 있는가? 근래에 일련의 경제적 성장과 외연적 확대, 미국과의 전략 경쟁 과정에서 중국이 글로벌 리더로 세계를 이끌만한 리더십을 보였나? 세계에 비전과 방향을 제시했나? 이러한 질문에 대답은 회의적이다. 중국이 강력한 정치적, 경제적 역량을 지녔다는 사실은 분명하다. 그러나 중국이 제시하는 '중국식' 비전과 방향을 신뢰하며 함께할 수 있는가 묻는다면 그 누구도 대답하기 어렵다.

어떠한 생각과 자세로 새로운 시대를 맞아야 하는가?

과거 한국의 한 기업가가 한 말이 기억에 남아 있다. 해당 기업이 후발 주자일 때에는 앞선 기업을 벤치마킹해 열심히 따라가기만 하면 됐는데, 이제 1등 기업이 되니 어떻게 해야 할지 고민이 더 크다는 내용이 요지였다. 그간 한국은 후발 주자라 대부분 참고가 가능한 선례나 모범, 교훈이 있었다. 그러나 지금은 팬데믹, 불경기 시대에 글로벌 리더와 유력한 후보가 힘겨루기에만 몰두해 세계를 이끌어 갈만한 상황이 아니다. 국제 기구도 무기력하다.

최근의 글로벌 위기와 관련해 참고가 가능한 선례와 관련한 전문가 제언이 있었다. 그러나 6개월가량이 지나 여전히 위기가 진행, 악화되는 것에는 글로벌 리더십 부재가 중요한 요인으로 판단된다. 이러한 위기는 글로벌 리더십 아래에 국제적 연대와 협력이 있어야 해결이 가능하기 때문이다. 그러나 미중이 상호 비난과 책임 전가에 빠져 팬데믹은 정치화되었고, 그러한 과정에서 유엔 안보리, 세계보건기구 등 국제기구도 무력화되며 이처럼 문제가 악화된 것이다.

이러한 상황에도 미국과 중국은 둘 중 하나를 선택해야 한다고 다른 나라에게 강요하고 있다. 세계는 그들의 무책임 때문에 대가를 치르는 중이다. 그런데 다른 나라가 양국의 어떠한 행보와 비전을 보면서 공감하고 신뢰하며 함께할 수 있을까? 물적, 물리적 힘만 있다고 리더가 되는 것이 아니다. 둘 중 하나가 승리한다고 되는 것도 아니다. 글로벌 구성원 신뢰와 인정이 필요한 것이다. 영점에서 시작하는 근본적 고민과 선택이 필요해진 상황이다.

윤성혜
2020. 9. 25.

화웨이 겨냥한 미국의 수출 통제, 美기업에 오히려 독

미·중 기술패권 전장(戰場) 속 한국은 어부지리?

미중 간 기술패권 전쟁이 미국 정부의 화웨이 제재로 현실화 됐다. 하지만 수세에 몰린 중국보다 미국의 다급함이 더 안쓰러울 정도다. 그도 그럴 것이 미국은 지난 한 세기 동안 전 세계 선진 기술을 이끌던 국가나 다름없다. 그런데 이제 겨우 경제 개발 40년 차인 중국에게 4차 산업의 핵심 기반시설 기술인 5G의 주도권을 빼앗기게 생긴 것이다.

미국은 우선 미봉책으로 5G 통신장비의 심장이라 할 수 있는 '반도체 수출 통제'라는 카드를 꺼내 들었지만, 어느 정도 효과를 볼지는 의문이다. 또한 미중 간 기술전쟁의 여파가 본격적으로 한국 경제에 영향을 미치고 있어 관련 업계도 자구책 마련으로 분주한 모습이다. 이러한 영향은 당분간 계속될 전망이지만, 반드시 우리에게 부정적인 것만은 아니다.

화웨이를 겨냥한 미국의 수출 통제, 자국 기업에 오히려 독

미국은 지난 5월 15일, 수출통제 제재 리스트(entity list)에 중국 데이터

통신 장비 업체인 화웨이(huawei, 华为) 및 화웨이 관련 해외 소재 자회사 114개 기업을 포함했다. 수출 통제 제재 리스트는 미국의 〈수출관리규정 (Export Administration Regulation)〉에 근거한 것으로 기업이나 개인이 미국의 국가 안보, 대외 정책에 위해(危害)하다고 판단될 경우 등재한다.

제재 리스트에 등재된 기업 및 개인은 미국 기업과의 거래에서 반드시 미국 정부의 사전 허가(license)가 필요하다. 이는 명목상 허가의 형태를 띠지만, 사실상 수출 금지를 목적으로 하기 때문에 정부 당국의 허가를 받기는 쉽지 않다.

미국의 적극적인 제재에도 불구하고 화웨이가 정상적 영업 활동을 유지하자, 미국은 9월 17일 법률을 개정하여 더욱 강력한 제재안을 내보였다. 150개가 넘는 화웨이 관련 기업을 제재리스트에 포함하고, 미국 국내 기업뿐만 아니라 외국 기업으로까지 제재 범위를 확대한 것이다.

이는 미국산 기술, 소프트웨어, 장비에 의존하여 만든 5G 관련 외국 제품 전체에 대해 화웨이로의 수출·재수출·이전을 사실상 금지한 것이나 다름없다. 즉, 삼성이나 LG가 화웨이에 반도체와 같은 5G 관련 제품을 수출하려면 미국 상무부의 허가를 받아야 한다.

하지만 미국의 이러한 강력한 제재는 화웨이뿐만 아니라 주요 동맹국은 물론 자국의 산업경쟁력 측면에서도 결코 긍정적이라 할 수 없다.《블룸버그》통신의 보도에 따르면, 2017년을 기준으로 화웨이에 제품 및 기술을 공급하는 기업 중 25%가 미국이다. 더욱이 미국 반도체 회사인 스카이웍스나 퀄컴 등은 수익의 절반 이상을 중국 시장에 의존하고 있다. 이는 미국의 화웨이 제재가 오히려 자국 기업의 발목을 잡는 격이 될 수 있음을 방증한다.

미국은 질주하는 중국을 막을 수 있을까?

자국 기업이 다치는 것은 차치하고라도 미국의 화웨이 제재가 중국의 질주를 막을 수 있을 것인지가 의문이다. 미국 수출 통제의 주요 목적은 중국의 5G 기술의 발전 속도를 막아 미국이 주도권을 잡을 시간적 여유를 확보하는 데 있다.

그런데 미국의 주요 4차 산업 기업은 아마존, 구글 등 통신장비에 기반을 둔 플랫폼 기업이 주를 이룬다. 화웨이를 막으면 이를 대체할 만한 국내 기업이 있어야 하는데, 그렇지 못한 것이 미국의 현실인 셈이다.

그렇다면 이미 중국이 주도하는 5G 이상의 기술을 단기간에 개발할 수 있을지가 관건인데, 이 역시 쉽지 않아 보인다. 결국 국내 기업의 피해를 감내하면서까지 급하게나마 중국을 막아서고 있지만, 미국에게도 뾰족한 수는 없어 보인다.

한편, 화웨이는 미국의 공세적 압박에 꼼짝없이 고립된 상황이다. 궈핑(郭平) 화웨이 회장은 9월 23일 상하이(上海)에서 열린 '화웨이 커넥트 2020(Huawei Connect 2020)' 기조강연에서 "화웨이는 현재 엄청난 어려움에 직면했으며, 이제는 생존이 목표다"라고 언급하며 어려움을 토로했다.

화웨이가 지금의 고난을 극복할지에 대해서는 여러 전문가의 의견이 엇갈린다. 하지만 화웨이의 사망 선고가 곧 중국의 5G 기술 선도에 대한 사망 선고는 아니라는 점, 그리고 그 반사이익이 미국 기업의 경쟁력을 높여주지 못할 수 있다는 점이 미국의 수출통제 정책의 맹점이라 할 수 있다.

미국의 상황과 달리 중국은 화웨이 제재에도 불구하고 이를 대신할 제2의, 제3의 통신장비 및 기기 업체들이 화웨이만큼은 아니지만 이미 일

정한 수준의 기술적 경쟁력을 갖추고 있다. 미국의 수출 통제가 화웨이를 표적으로 하는 만큼 중국의 다른 통신장비 기업들의 성장을 완전히 봉쇄하는 것에는 분명 한계가 있다.

미국의 이러한 압박이 오히려 중국의 경쟁력을 더 높이리라는 전망도 나오고 있다. 보스턴컨설팅그룹(BCG)은 "중국에 대한 반도체 판매 금지 조치로 미국의 세계 반도체 시장 점유율은 48%에서 3~5년 사이에 18%까지 하락할 수 있으며, 장기적으로 중국의 반도체 자급률을 40%까지 높일 수 있을 것"으로 예측했다.

화웨이 역시 미국의 제재 속에서도 기술경쟁력을 높이기 위해 노력할 것이라 밝힌 바 있다. 중국 정부도 2021년부터 시작하는 '제14차 5개년 경제개발규획(2021~2025)' 기간에 약 10조 위안(약 1,700조 원)을 투입하여 '반도체굴기'에 더욱 박차를 가할 것으로 예상된다.

반도체는 기술기반 산업이기 때문에 투자를 집중한다고 해도 기술이 축적되는 데 일정 정도의 시간이 필요하다. 중국이 2025년까지 반도체 자급률 70%를 계획하고 있지만, 미국의 공세 속에 중국이 과연 버틸 수 있을지는 오리무중이다.

미국 대선 이후에 상황이 좀 나아질 것을 기대하고는 있지만, 어떤 정권이 들어서더라도 상황은 크게 나아지지 않을 것으로 보인다. 미국은 이미 차세대 산업의 주도권을 잃고 기술패권으로서의 세계 지휘권을 상실했기 때문에 싸움의 승패는 과연 중국이 방어할 수 있는지 여부에 달렸다고 볼 수 있다.

마지막에 웃는 자는 한국이 되어야

강대국 싸움에 언제나 자구책을 찾을 수밖에 없는 것이 한국의 숙명이다. 한국 기업은 사드(THAAD), 일본의 전략 물자 수출 규제 등 일련의 외부 충격을 경험하면서 이제 어느 정도 대응하는 요령이 생긴 듯하다.

하지만 한국 반도체 제1, 2의 수출 시장은 바로 미국과 중국이다. 따라서 미국의 수출 규제를 무시할 수 없고, 그렇다고 중국을 나 몰라라 할수 있는 상황도 아니다. 이런 상황에서 삼성과 하이닉스, 그리고 뒤이어 LG까지 비교적 적시에 미국 상무부에 화웨이로의 반도체 공급 허가신청을 냈다. 비록 승인될 가능성이 높지는 않더라도 중국에 반도체를 공급하기 위해 노력했다는 것을 내보일 수 있을 것이다.

세계 시장점유율에 있어서도 우리 기업에는 기회가 될 수 있다. 5G 통신장비 분야에서 단독 1위를 달리던 화웨이가 뒤처지면, 분명 새로운 기회가 생기리라 기대한다. 이미 화웨이를 대신하여 캐나다의 5G 통신장비 시장을 차지하는 데 성공한 삼성전자의 선례가 보도된 바 있다. 이처럼 현실에 닥친 어려움이 한편으로는 우리의 기술경쟁력을 더욱 돋보이게 하는 계기가 될 수도 있다.

임진희
2020. 10. 3.

왜 중국은 서방에서 인정받지 못하는가

중국에서 입관학이 환영받는 이유는?

　　2019~2020년 중국의 웹상에서 '입관(入关, 루관)'과 '입관학(入关学, 루관쉐)'이라는 신조어가 유행하였다. 본래는 웹상의 소규모 커뮤니티에서 탄생한 단어이지만 이제는 중국 인터넷 정치판(键政)을 넘어서 주변 어디서든 쉽게 들을 수 있는 유행어가 되었다. 한 중국 네티즌에 따르면, 회사 로비 커피숍에 앉아서도 얼굴을 붉혀가며 치열하게 입관에 대해서 토론하는 중국인을 만날 수 있다. 입관학이 무엇이기에 이렇게 뜨거운 반향을 일으켰을까?

　　2019년 12월, 웹상에서 산가오셴(山高县)이라는 닉네임의 필자가 '중국인은 명의 멸망이라는 역사에서 어떠한 교훈을 얻었나?'라는 질문에 300여 글자 분량의 답을 달았다. 그리고 현재까지 웹상의 수많은 젊은이와 필자가 이에 공감하거나 이를 비판하면서 '입관'과 '입관학' 열풍을 이어오고 있다. 분명하게 인터넷 비주류 문화이다. 그러나 그의 답변이 현실에서 메이저급 영향력을 발휘하는 이유는 현재 중국의 가장 큰 고민을 다루고 있기 때문이다.

입관, 입관학은 무엇인가?

입관학은 하나의 의문을 제기한다. '어째서 중국은 서방에게 인정받지 못하는가?', 그리고 질문의 답을 찾는 과정에서 역사적, 지정학적 비유를 제시한다. 산가오셴은 현재 국제사회 리더인 서방 국가들을 과거 중국의 명(明)에 비유한다. 당시 명은 스스로를 문명의 중심으로 여기며 주변 관외(关外) 이민족을 야만인 취급하였다. 이민족이 어떻게든 노력하며 명나라를 따라 하려 해봐도 문명인이 야만인을 바라보는 것과 같은 그들의 오만한 태도는 바뀌지 않았다.

명에 있어 야만인은 어찌해도 문제이다. 그러므로 이민족이 입관하지 않는다면, 다시 말해 산해관(山海关)을 넘어서 판을 엎고 그들을 제압하지 않는다면 명나라는 스스로 구축한 시스템 하에서 혜택을 누리며 영원히 관외의 여진족을 통제하고 압박하는 것이다.

입관학의 관점에서 현재의 서방(특히 미국)은 당시의 명과 같다. 서방은 다소 세력이 줄긴 했어도 여전히 국제사회 발언권을 독점한다. 관외의 중국이 노력해도 관내의 서구는 인정하지 않는다.

그렇다면 중국은 어떻게 해야 하나? 과거의 이민족인 여진족은 유학을 익히며 문맹과 야만의 굴레를 벗으려고 노력했다. 그러나 효과는 없었다. 문명인에 있어 글을 읽은 야만인은 그저 다소 배운 야만인에 불과하였다.

문명과 야만의 구분은 핑계였다. 실제는 한정된 자원을 위해서 다투는 경쟁에 불과하였다. 결국에 여진족은 불평등한 관계를 타파하려 산해관을 넘어서 입관한다. 그리고 명나라와 유학을 대체하며 자신들의 질서를 구축한다.

그렇기에 누군가 무시해도 스스로 반성하며 부단히 자책할 이유는 없다. 그저 입관하면, 다시 말해 기존의 판을 엎고 상대를 압도하며 그 영역을 장악하면 끝이다. 스스로 입관에 성공해서 새로운 질서를 구축하면 그들이 알아서 엎드리는 것이다. 중국도 영원히 만족하지 않을 누군가를 위해 노력할 필요가 없다. 중국이 스스로 부강해져 자신의 질서를 수립하면 자연스레 현재의 미국처럼 편하게 잘먹고 잘살며 전 세계의 인정과 존경을 얻는 것이다.

중국은 입관과 입관학을 어떻게 보는가?

입관학은 중국이 그간에 해왔던 고민과 질문에 새로운 방향과 답안을 제시했다. 그리고 대중의 열광적 지지를 얻었다. 중국이 발전하고 국제사회 강대국이 되었지만, 여전히 배척당하며 인정받지 못하는 현실에 명쾌한 해석을 제시했다는 것이다. 중국의 잘못이 아니라 기존의 시스템 하에서 혜택을 보려는 이들이 문제인 것이다. 중국인에게 익숙한 역사를 입장만 바꾸어 차용했기에, 나아가 그동안 쌓였던 의문과 불만이 컸기에 더 큰 호응을 얻었다.

그러나 또한 입관학은 약점과 한계가 존재하며 이를 지적하는 이들도 적지 않다. 예를 들면 하나의 시스템 하에서 일부 국가가 혜택을 본다면 다른 국가는 반드시 손해를 본다는 가설은 현재 다수의 명백한 반증이 있다. 나아가 이에 혜택을 보는 국가라 해도 혜택을 통해 내부의 모든 문제와 모순을 완전히 해결한 것도 아니다. 그리고 과거 여진이 명을 멸하고

청을 세우며 스스로 새로운 질서를 수립하는 데 성공했다고 보기도 어렵다는 의견이다.

다른 이들은 서구가 부강한 것은 약자를 착취한 것이고, 중국이 미국과 같은 물질적 풍요를 누리지 못하는 것은 미국이 중국을 압박하였기 때문이라는 단순하고 노골적인 주장에 반대한다. 그리고 미국이 압박과 봉쇄를 푼다면 중국이 현재 겪는 성장통, 산적한 문제가 일거에 해결될 것이라고 믿느냐 반문한다. 스스로 내부에서 문제를 극복하고 성장에 매진하지 않으며 입관만 외친다면 설사 미국을 넘어서도 결국 중국에서 고통받을 뿐이라는 것이다.

한편으로 일부는 입관학 자체에 문제가 있더라도, 중국의 젊은이가 자국의 역사를 돌이켜보면서 현재의 세계 질서와 그 안에서 벌어지는 현상에 대한 답안과 교훈을 찾으려는 노력에 의미가 있다고 주장한다. 과거와 다르게 신흥국 입장에서 세계를, 주변국 입장에서 역사를 바라보는 것이다. 그리고 이러한 역사 문화적 상상을 통해서 21세기를 해석하는 것인데, 그에 따르면 이는 '투키디데스 함정(기존 패권국과 빠르게 부상하는 신흥 강대국이 결국 부딪칠 수밖에 없는 상황을 의미)' 같이 학계와 현실에서 흔히 등장하는 일이다.

입관학 유행에서 무엇을 봐야 하나?

제3자의 입장에서 보자면 입관학은 중국의 역사를 활용하여 현재의 중국과 미국을 해석하려는 하나의 시도이다. 비록 전문적이지도 학술적이지도 않지만, 일반인이 세계를 이해하려는 마음에서 나오는 자연스러운 것이다.

그런데 이러한 비주류 의견과 주장이 이처럼 인터넷 플랫폼을 넘어서 현실 세계에 널리 퍼지고 다양한 사람들에게 크게 호응을 얻는 데는 분명 이유가 있을 것이다. 과거의 입관이 현재를 살아가는 이들에게 제시한 해답이 중요하다.

그들의 주장은 중국이 아무리 노력해도 주변과 세계에 인정받기 어렵기 때문에 결국은 기존의 시스템, 판을 엎고 자신의 세계와 질서를 세워야 한다는 것이다. 이는 그간에 중국이 어떠한 마음을 가지고 무엇을 기대한 것인지, 그리고 그것을 얻지 못하는 경우 어떠한 행동을 할지에 대한 하나의 선택이 된다. 비록 유일한, 정확한 답안은 아니나 중국 젊은이가 어떻게 작금의 세계를 이해하고 변화에 대응하려 하는지 파악하는 하나의 재미있는 단서이다.

최재덕
2020. 9. 18.

코로나 팬데믹, 중국 고립 시기 앞당겼다

미중 패권 경쟁, 한국의 선택은

코로나 팬데믹의 끝을 정확히 예측할 수는 없다. 다만 우리는 인류가 직면한 혼란에 대처하고, 파생된 변수들을 파악하여 지금의 상황을 극복하고자 노력할 뿐이다. 공공의료 체계, 민주주의와 언론의 자유, 시민의식, 리더십의 적시 대응과 판단력에 따라 세계 각국은 코로나 사태에 달리 대응했고, 그 대응의 실효성이 국가 위기 대처 능력의 우월성을 결정지었다.

전 세계적 재난 상황에 강대국들의 민낯은 여실히 드러났고, 가면 뒤에 숨겨진 그들의 취약성을 온 세계가 함께 목도했다. 코로나 팬데믹 이전부터 강대국들은 국제정세에 현실주의적으로 대응해 왔지만, 자유주의라는 이름으로 아름답게 포장하려던 그들의 노력이 무용지물임을 인정할 수밖에 없게 됐다.

코로나 팬데믹은 반세계화 정서의 확산, 큰 정부의 귀환, 글로벌 리더십과 국제 협력의 부재, 세계적 경기 침체와 저성장, 실업률 증가와 대기근 등 많은 문제를 연쇄적이고 파생적으로 양산하고 있다.

이와 함께 코로나 팬데믹은 미중 패권전쟁의 균형추가 미국에 유리한 방향으로, 중국에 불리한 방향으로 기우는 결정적 변곡점이 될 것이다. 그 이유 중 하나는 미국의 대중국 전략이 더욱 강경해졌기 때문이다 다른 하나는 중국이 '책임 있는 강대국'이 될 기회를 놓침으로써 코로나 팬데믹으로 중국의 고립 시기가 앞당겨질 것이기 때문이다.

미국은 코로나 팬데믹을 계기로 중국에 대한 미국의 결심을 더욱 확고히 함으로써 포스트 코로나 국제질서의 최대 이슈인 미중 패권 경쟁이 더 치열해질 것을 예고했다. 미국은 중국을 협상 대상이 아닌 적국으로 규정하고, 세계 무대에서 중국을 고립시키고자 이념적, 정치적, 경제적, 군사적 총력전에 돌입했다.

미국은 코로나 팬데믹 이후 두 가지 측면에서 중국을 새롭게 규정했다. 첫째, 정치적 측면에서 비극적인 상황에 처한 미국은 코로나19 바이러스의 세계적 확산이 중국 사회주의 체제와 연계된 것으로 판단하고, 미중 갈등을 민주주의 대 공산주의 이념의 대립으로 확장했다.

초기 코로나19 바이러스 확산에 대한 중국 정부의 사실 은폐, 역학 조사 거부, 코로나 팬데믹에 대한 책임 회피에 관해 미국은 언론 통제·감시·인권 탄압 등 공산주의 체제의 구조적 문제로 파악했다. 그리고 중국인이 아닌 중국 정부, 즉 공산당의 통제, 억압, 부조리를 공격 대상으로 구체화했다.

둘째, 미국은 경제적으로 사회주의 체제를 유지하면서 시장 규칙을 활용하여 자본의 이익을 국가에 종속시키는 '비자본주의적 시장경제'인 중국을 세계화의 이익을 함께 공유할 수 없는 국가로 규정하고, 글로벌 가치사슬(Global Value Chain)에서 완전히 제외하기로 결정했다. 미국은 사회주의 시장경제가 중국 정부와 국영회사의 정경유착으로 중국 공산당의 힘을 키워주고, 중국이 공격적인 외교로 국제사회에서 영향력을 형성하는 근간이 된다고 판단했다.

미국은 2001년 중국의 WTO 가입을 도운 이후, 미중 무역분쟁 1차 합의에 이르기까지 중국의 경제체제를 국제 경제 시스템에 편입시키려 했던 자국의 노력이 헛된 것임을 인정했다. 미국은 지난 40년간 중국의 세계 경제 편입과 미국 시장 접근을 허용한 대가가 가혹하며, 그러한 결정으로 옳은 결과를 도출하지 못했고, 중국은 지속적으로 미국을 이용하고 기만했기 때문에 지금이라도 중국의 날개를 꺾어야 한다고 결정했다.

2020년 7월 23일, 닉슨 대통령 기념관에서 마이크 폼페이오 국무장관은 '중공의 행동을 자유세계 최대의 위험'으로 상정하고, 중국 공산당을 타도의 대상으로 삼았다. 또한 중국의 보통 시민과 자유민주주의 국가들이 힘을 합쳐 중국의 변화를 끌어내야 한다고 연설했다. '아시아의 잠자는 거대한 용'을 깨운 닉슨 대통령의 기념관에서 그는 "닉슨의 희망은 이루어지지 않았다"라고 단정했다.

또한 폼페이오 장관은 "우리는 중국의 악성 공산주의에 대해 순진했고, 냉전 종식 후 승리에 도취했다. 우리는 겁쟁이 자본주의자였고, 중국의 화평굴기라는 말에 속았다", "오늘날 중국은 국내적으로 더 권위주의적인 독재국가가 되었고, 그 외의 모든 지역에서 더욱 침략적인 나라가 되었다"라고 말하면서, 중국을 더는 정상 국가로 취급할 수 없고, 중국에 대한 포용정책은 없다고 단언했다.

그는 인도-태평양 지역 국가들과 자유주의 국가들에게 역사의 실패를 불러오는 비겁함을 버리고 미국과 함께 행동할 것을 호소했다. 미국은 정치·경제·사회·문화 교류 등 모든 측면에서 중국과의 디커플링(탈동조화)을 선언한 것이다. 이러한 미국에 대한 중국의 태도는 2020년 8월 5일

관영 신화통신사 기자의 질의에 대한 왕이 외교부장의 응답에서 찾을 수 있다.

왕이 외교부장은 현재가 미중 수교 이후 가장 엄중한 국면이라고 진단하면서 중국은 미국을 대신해 '제2의 미국'이 될 마음이 없다고 밝히고, 양국 모두 "상대방의 정치 제도를 변화시킬 필요도 없고, 변화시킬 수도 없다", "디커플링은 궁극적으로 미국 기업에게 오히려 더 큰 피해가 갈 것"이라고 주장했다.

왕이 부장은 미중관계 관리에 대해 다음 네 가지를 제안했다. 첫째, 서로 간 마지노선을 정해 충돌을 피한다. 둘째, 미국이 중국을 '개조'할 수 있다는 환상을 버려야 한다. 셋째, 디커플링을 추구하지 않는다. 넷째, 제로섬게임(zero-sum game) 태도를 버리고 국제사회에서 미국과 중국이 공동 책임을 진다는 것이 그 내용이다.

미국과 중국의 상반된 주장 사이에 교집합은 없어 보인다. 당분간 미국과 중국은 군사적 긴장 상태에서 자신의 정당성을 내세워 외교전을 통한 강대국 줄 세우기에 몰입하면서 미국의 '중국 때리기', 중국의 '방어와 일대일로를 통한 세력 확장'을 계속해 나갈 것이다.

코로나 팬데믹, 중국 고립 앞당기는 이유

코로나 팬데믹은 다음 세 가지 이유에서 중국의 고립 시기를 앞당길 것이다. 첫째, 중국은 코로나 팬데믹 극복을 자화자찬하고 체제 우월성을 선전하는 데 이용하여 국제사회에서 신뢰를 잃고 있다.

2020년 12월 29일, 중국 우한의 가장 큰 임시병원이었던 문화엑스포센터에서 열린 코로나19 주제의 '사람이 먼저, 생명이 먼저' 전시 중 관람객들이 시진핑 국가 주석의 모습을 보고 있다. ⓒ연합뉴스

세계적 재난 상황에 그간 중국이 주장했던 '책임 있는 강대국'으로서의 중국은 없었다. 국제사회에서는 중국 정부가 초기 코로나19 바이러스를 은폐하여 통제 기회를 잃었고, 국제사회와 바이러스에 대한 정보 공유를 거부하였다는 것은 공공연한 사실이다. 이에 중국이 코로나19 바이러스의 글로벌 확산에 책임이 있다는 비판의 목소리가 커지고 있다. 그러나 중국은 "체제의 우월성 덕에 감염병 조기 통제가 가능했다"라고 선전하며 의료용품을 외교 수단으로 활용하고 있지만, 오히려 국제사회의 반감을 사고 있다.

코로나 팬데믹으로 인한 국내의 어려움을 민족주의로 덮고, 코로나 팬데믹 책임론과 홍콩 국가보안법 제정 반대를 거론하는 국가에 전랑외교(wolf warrior diplomacy)로 대응하는 중국 정부. 그들은 국제사회에서 중국의 입지를 스스로 좁히고 있다. 코로나 팬데믹 이후 인류 운명공동체, 화평굴기, 신형국제관계, 호혜와 평등 등 중국이 주장하는 평화 담론과 상반되는 중국의 행보가 계속되고 있다.

둘째, 코로나 팬데믹으로 인한 중국의 생산 차질은 중국으로부터 생산 공정을 분리하려는 움직임에 더 큰 확신을 주어 차이나 플러스 원(China plus one), 리쇼어링(reshoring), 생산 시설의 탈중국화로 중국의 경제적 고립이 촉진될 것이다. 코로나 팬데믹으로 중국 제조업의 생산 중단이 세계 각국의 경제적 피해로 이어지면서 중국을 포함한 글로벌 가치 사슬이 안정적이지 않다는 인식이 확산되고 있다.

중국은 미중 무역분쟁으로 글로벌 교역 질서 위축, 세계적 경기 둔화로 제조업이 타격을 받은 데 이어 코로나 팬데믹으로 2020년 1월에서 3월 사이 46만 개의 법인이 폐업했고, 약 1억 5,000만에서 2억 명의 실업자가 발생한 것으로 추정된다. 세계 제조업의 핵심 공급자인 중국의 생산 차질은 수입 국가의 최종재 생산에 타격을 입힘으로써 중국 제조업의 안정성에 대해 의구심을 품게 됐다. 이는 중국의 불공정 무역관행, 높은 인건비, 대중경제 의존도 심화에 대한 경계로 매력이 떨어진 중국 시장에서 벗어나려는 해외 기업들의 움직임을 더욱더 촉진할 것이다.

이러한 변화는 코로나로 인해 큰 타격을 입은 중국 경제 회복의 둔화로 이어질 것이다. 미국이 추진하고 있는 경제번영네트워크(EPN) 가담 여부와 관계없이 코로나 팬데믹 이후 많은 글로벌 기업이 중국을 떠날 가능성이 커졌다. 글로벌 가치 사슬에서 중국을 제외하고 싶은 미국의 바람과 맞아 떨어진다. 앞으로 기술, 무역, 금융 등 전 분야에서 미중 간 디커플링이 진행되면서 중국의 경제적 고립을 촉진할 수 있다.

셋째, 중국·인도의 국경 분쟁은 인도가 미국의 인도·태평양 전략에 적극적으로 가담하는 데 정당성을 부여함으로써 중국이 직면할 군사적 위협이 더 커졌다. 인도가 인도·태평양 전략에 적극적으로 가담하면 '네트워크화된 대중국 연합체', 유사시 군사작전을 실행 할 수 있는 '집단 안보 체제', '인도·태평양판 나토' 등의 구상이 가시화할 것이다.

인도는 쿼드(QUAD)에 속해 있지만, 인도·태평양 전략 가담에 미온적인 태도로 일관하며 대중국 해상 봉쇄에 가담하지 않을 것이라고 선을 그어왔다. 그러나 45년 만에 중국과 인도 국경에서 벌어진 총격전은 인도에게 중국이 '실존하고 직시해야 할 위협'임을 인식시키기에 충분했다.

민족주의로 코로나를 극복하려는 중국 그리고 코로나 팬데믹 대응 실패로 23%가 넘는 경제 역성장, 고실업률에 대한 국민의 불만을 외부로 돌릴 대상이 필요했던 인도에게 국경 분쟁은 내부의 갈등을 '외부의 적'으로 무마할 수 있는 카드이다.

인도 내에서 자발적인 중국 상품 불매운동 등 반중 정서가 최고조에 달했고, 인도 정부는 이번 국경 분쟁을 계기로 프랑스와 계약한 라팔 전투기 36대 가운데 5대를 조기 배치했으며 러시아판 사드인 S-400 도입 시기를 앞당겼다. 일본과 수년간 군사 협력을 강화하던 인도는 2020년 9월 11일 일본과 '군사기지 접근을 허용하는 협정'을 새롭게 맺었다.

2020년 9월 10일, 상하이협력기구(SCO) 외교장관회의에서 양국은 국경 분쟁 악화를 막자는 취지의 공동성명에 합의하면서 전쟁의 위기를 넘겼지만 현존하는 위협은 사라지지 않았다. 중국은 '진주목걸이 전략'으로 해상에서 인도를 봉쇄하다시피 했고, 최근 중국-파키스탄-이란의 일대일로 협력을 구체화하면서 육상에서도 중국이 인도를 포위하는 형국이다.

인도는 수년간 러시아로부터 무기를 구매하고, 일본·미국과 군사 협력을 강화하며 중국을 경계해 왔다. 인도가 단독으로 중국을 막기란 역부족이다.

인도는 언제든지 중국의 위협에 대처하기 위해 인도·태평양 전략에 군사적으로 가담할 수 있다. 대만해협, 남중국해, 호르무즈 해협에서 중국과 미국이 첨예하게 대립하는 가운데 최대한 중립을 지키려던 인도가 인도·태평양 전략에 적극적으로 가담하게 된다면 '쿼드의 활성화'와 더 확장된 '쿼드 플러스(QUAD+)' 추진에도 힘이 실릴 것이다. 결과적으로, 중국은 더 큰 적을 상대해야 하는 부담을 안게 됐다.

코로나 팬데믹 이후 미국과 중국의 '강대국 줄 세우기'와 안보 경쟁이 더 심화됨에 따라 인도·태평양 지역에 속한 모든 국가는 양국의 강한 압박과 안보 위협에 직면했다. 역사적으로 미국이 패권 추구를 시도했던 국가들-독일제국, 나치스 독일, 유럽을 제패하려던 소련, 아시아 대륙 제패하려던 일본-을 저지했던 것처럼 중국이 아시아의 패권국이 되는 것을 저지할 것이고, 중국 역시 '중국 특색 사회주의'를 내세우며 '중화민족의 위대한 부흥'의 기회를 살리기 위해 중국 방식의 세계화 전략을 멈추지 않을 것이다.

우리는 중국의 강대국화와 패권국 미국의 대결을 미중 패권전쟁이라 부르지만, 사실 양국 간의 전력은 대등하지 않다. 미국이 중국을 공격하고 중국은 막아내는 형국이다. 혹자는 미국이 중국을 때리는 이유는 그저 중국이 1등인 미국의 자리를 넘볼 수 있는 2등이 되었기 때문이라고 말한다.

그러나 미국도 '어떻게 트럼프 행정부가 진행한 미국 우선주의에 따라 파생된 미국에 대한 불신을 희석하고 동맹국과 파트너 국가들을 포용할 것인가?'라는 큰 숙제를 여전히 안고 있다. 분명한 것은 일본과 호주, 러시아, 이란 등 몇몇 국가를 제외하고 미국에 안보를, 중국에 경제를 기대고 있는 한국과 같은 국가들이 열성적으로 어느 한 국가를 지지하지 않는다는 점이다. 중국과 미국의 현실주의적 대응은 이미 모든 결론이 그들의 이익에 기인한다는 것이 자명하며 양국 어느 쪽도 완전히 신뢰할 수 있는 국가가 아니기 때문이다.

물론 코로나 팬데믹 이후 거세진 미국과 중국의 여론전으로 인해 국제사회의 변화들이 감지되고 있다. 그러나 큰 틀에서 볼 때 유럽과 아세안 국가들은 자유민주주의와 평화 수호 입장을 견지하며 개별 사안에 따라 미국과 중국에 협력과 지지를 보내고 있다.

한국도 포스트 코로나 시대의 국제정세에 이분법적인 접근을 지양하고, 넓은 스펙트럼 내에서 국익 우선의 사안별 대응 방안을 강구해야 할 것이다. 더불어 한반도를 둘러싼 미·중·일·러의 세력 균형이 흔들릴 때 한국의 강점을 살려 남북협력, 신북방·신남방 정책 추진, 중견국 외교의 길을 모색해야 한다. 궁극적으로 한국의 선택은 자강(自强)을 위한 것이어야 한다.

항저우의 에펠탑에서 동북아시아를 보다

항저우에 가면 108미터 높이의 에펠탑을 볼 수 있다. 이 에펠탑은 19세기 중후반 파리 시장 오스만(Georges-Eugne Haussmann)의 도시 개조 사업으로 만들어진 경관을 복제한 건물들로 둘러싸여 있다. 한 부동산회사가 파리의 경관을 그대로 모방하여 신도시의 한 구역을 만든 것이다.

서구 도시의 경관을 모방해 신도시의 모습을 띠는 중국의 도시는 한두 곳이 아니다. 톈진에는 이탈리아의 베니스가 있고, 후이저우에는 오스트리아의 할슈타트가 있으며, 선전에는 스위스의 인터라켄과 이탈리아의 포르트피노가 있다. 상하이 근교에는 네덜란드의 로테르담이 있고, 쑤저우에는 런던이 있으며, 창더에는 독일의 하노버가 있다. 청두에는 영국의 도체스터가 있고, 둥관에는 독일의 하이델베르크가 있다.

중국의 지방 정부들은 중국에서 '서구'를 만나고 싶은 이들을 관광객과 거주민으로 불러들이겠다는 계산으로 계속해서 서구 도시들을 복제했다. 여러 차례의 경고 신호에도 그칠 기미가 보이지 않자, 2000년 5월 중국 정부는 경관의 복제를 금지했다.

2000년대 초반과 중반, 서구 사회는 중국 도시 경관의 변화에 놀라워

했다. 올림픽을 앞둔 베이징에는 렘 쿨하스(Rem Koolhaas)의 CCTV 사옥이나 자하 하디드(Zaha Hadid)의 소호(SOHO) 등 세계적 스타 건축가들의 작품이 하나둘 들어섰다. 그렇게 만들어진 새로운 도시 경관과 베이징올림픽을 보며 '이전에 알던 그 중국과는 다른 무엇이 되었는가' 하며 자문하기도 했다.

이후에 만들어진 복제 도시들을 보며 서구의 언론들은 편안함을 느낀 듯하다. 자신들이 생각하는 중국의 모습에 부합했기 때문일까. 그들은 중국이 경관 복제를 통해 세계의 공장이 되어 돈은 벌지 몰라도, 서구 문화가 지닌 창조성과 세련미를 따라잡기에는 한참이나 미치지 못한다고 생각했다.

서구의 언론들은 '카피캣(Copycat)', '레플리카(Replica)', '가짜도시(fake city)' 등의 표현과 함께 이들 경관을 가십거리로 소비했다. 하노버의 풍경을 재현하려는 창더에서 새로운 사업의 기회를 엿보던 독일 언론의 기사들은 오히려 예외적이었다. 중국의 황제들이 자신들과 교류하는 주변국의 경관을 복제한 공간을 만들어 왔다는 전통을 고찰하는 일도, 100년 전 유럽인들이 그 시절 새롭게 부상하던 미국의 도시들을 같은 시선으로 바라보았던 역사를 고찰하는 일도 예외적이었다.

한국의 언론이라고 해서 크게 다르지 않다. 중국을 모방의 천국이자 짝퉁 천국으로 정의하기에 좋은 소재로 소비하고 만 것이다. 그래서 서구와 한국의 언론들은 이 도시들이 중국을 만나는 공간이라 했다.

이들 도시는 어떤 이에게 서구를 만나는 공간이고, 또 어떤 이에게는 중국을 만나는 공간이다. 하지만, 또 다른 시선에서 보자면 이는 동북아시아를 만나는 공간이다. 19세기 서구와 조우한 이후 지금까지도 서구에 대한 동경과 이를 따라잡고 싶어 하는 욕망을 지니고 살아온 동북아시아 말이다.

'탈아입구(脫亞入欧)'를 외치며 노골적으로 서구를 따라가려 했던 지식인부터, 큰 덩치의 서구인들을 때려눕히는 황비홍을 보며 열광하던 대중에 이르기까지, 동북아시아를 살아가는 이들은 서구인들을 의식하며 20세기를 살아왔다. 서구를 대하는 감정이 단일하지는 않지만, 분명한 것은 서구로부터 인정을 받고 싶어 하고 서구를 따라 하고 싶어 하는 욕망은 지속되었다는 점이다.

1964년 도쿄올림픽을 앞두고 '푸른 눈·슬쩍·뜨끔(青い目·チラリ·チクリ)' 같은 프로그램에 외국인을 출연시켜 일본인들의 행동을 평가했던 일본의 어느 라디오 방송, "외국인의 눈으로 우리의 모습을 바라보겠다"라며 어느 호텔 욕실에 들어가 욕조가 작다고 불평하는 KBS 아나운서의 이야기, 올림픽을 앞두고 중국인을 '문명화'시키겠다며 실행했던, 지금까지도 지속되는 다수의 행동 개조 프로젝트들. 이 모든 역사가 그러한 욕망을 보여 준다.

복제된 자유의 여신상 뒤로 브루클린 다리의 모조품이 보이고, 멀리 에펠탑을 모방한 도쿄타워가 보이는 1980년대 도쿄의 신도시 오다이바(お台場)의 경관은 어떤가. 온갖 서구어를 조합한 '오투그란데리빙포레', '린스트라우스더레이크', '디에이치퍼스티어아이파크' 같은 이름의 아파트로 가득한 경관들은 어떠하며, 이런 이름을 써야 아파트 값이 오른다는 도시의 삶들은 또 어떤가. 차마 그대로 복제할 수 없어 조합과 재구성을 반복해 온 한국과 일본의 도시들에게, 서구의 도시를 복제한 중국 도시들의 경관은 어쩌면 '억압된 것의 귀환'은 아닌가?

이런 역사를 긍정하자는 것도, 이러한 역사를 청산하자는 것도 아니다. 이 모든 것이 20세기 동북아시아의 역사였음을, 동북아시아인의 일상을 규정하는 힘으로 작용해왔던 사실을 직시하자는 것이다. 서구를 만나겠다며 그곳에 몰려드는 사람들의 이야기를 우스개로 여기며 이곳이야말로 중국을 만나는 곳이라 말하기보다는, 동북아시아를 만나는 공간으로 바라보자는 것이다. 그렇게 서구를 따라 하려는 동북아시아인 공통의 욕망을 전시하는 공간으로 이곳을 바라봄으로써 동북아시아인의 연대를 시작할 수 있지 않을까?

채무에 관한 책임을 함께 지는 행위를 가리키던 민법 개념인 '연대(solidité)'를 사회 사상의 영역으로 가져온 것은 19세기 프랑스의 지식인들이었다. 이들은 공통성과 동등성에 대한 인식이 연대의 출발점이라고 보았다. 저들을 우리와는 다르다며 타자화하고 차이를 발견하고자 하는 의지는 연대를 어렵게 한다. 우리와 같은 저들의 모습을 발견하고 문제를 공유하고 있음을 인지할 때, 함께 문제를 해결해 나가려는 움직임으로 이어질 수 있다. 그렇다면, 항저우의 에펠탑은 20세기의 동북아시아를 더불어 만나고, 새로운 동북아시아를 더불어 상상하는 계기가 될 수도 있지 않을까?

저물어 가는 영국과 중국의 '황금시대'

순조롭던 양국 관계, 어쩌다 이렇게 됐나

시진핑 중국 국가주석과 영국 엘리자베스 2세 여왕이 버킹엄궁에서 열린 국빈 만찬에서 건배하고 있다.
©연합뉴스

2010년대 중반 이후, 영국은 서구권의 그 어느 국가보다도 적극적으로 중국과 긴밀한 관계를 이어 왔다. 2015년에는 미국의 반대에도 불구하고 중국이 주도하는 아시아-태평양 기반 개발은행인 아시아인프라투자

은행(Asian Infrastructure Investment Bank, AIIB)에 G7 국가 가운데 가장 먼저 참여했다.

같은 해 10월, 시진핑 중국 국가주석이 국빈 자격으로 영국을 방문하여 영국 고속철도 HS2 및 민수용 원전 건설 등 총 460억 달러(한화 약 50조원)에 달하는 투자계약을 체결하며 경제협력을 한층 더 강화하기도 했다.

특히 2019년 7월에 새로 취임한 영국 보리스 존슨 총리는 취임 이전부터 본인이 친중파임을 밝히며, 중국이 주도하는 유라시아경제벨트 개발 계획인 '일대일로' 사업에 영국 정부와 기업이 참여할 기회를 얻길 바란다고 공개적으로 이야기할 정도로 중국과의 관계 개선과 투자 유치에 적극적이었다.

이와 같은 양국의 행보 때문에 양국의 관계는 '황금시대'라고 불릴 정도로 전성기를 구가했다. 하지만 2020년에 들어서면서 이들 관계는 극도로 악화되어 영국 정부가 대중국 제재를 검토하기 시작하고 중국이 이에 대해 "대가를 치르게 될 것"이라며 경고하는 수준에 이르렀다.

홍콩을 둘러싼 영국과 중국의 갈등

최근 양국의 관계가 악화되는 데 가장 큰 영향을 미친 것은 2019년 초부터 계속되고 있는 홍콩 시위다. 1842년 아편전쟁 후 맺은 난징조약을 통해 영국령이 된 홍콩은 1984년 홍콩반환협정에 따라 고유의 정치 체제를 50년간 유지한다는 '일국양제'를 조건으로 1997년 7월 1일 중국에 이양됐다. 영국은 반환 협정의 서명국으로서, 그리고 홍콩 내 30만 명의 재

홍콩 민주화 시위대가 주홍콩 영국영사관 앞에서 영국기와 구 홍콩기를 들고 영국과 서구 민주주의 국가의 관심과 개입을 호소하고 있다. ⓒ연합뉴스

외 영국인을 보호해야 하는 입장에서 홍콩 문제에 대해 계속 주시해 왔다.

이 때문에 2019년 초 중국으로의 범죄인 인도를 가능하게 하는 송환법에 반대하는 홍콩인들의 시위가 시작되었다. 홍콩 당국이 이를 물리적으로 진압하자, 같은 해 7월부터 영국은 중국의 홍콩 정책을 비난하고 중국은 영국의 내정간섭이라고 맞받아치는 등 설전이 오가며 양국의 관계도 급속도로 냉각되기 시작하였다.

홍콩 시위 문제로 이미 긴장 상태이던 양국 관계는 중국이 〈홍콩보안법〉을 도입하겠다고 공표하면서 걷잡을 수 없이 악화되기 시작했다. 2019년 11월 홍콩 구의회 선거에서 민주파가 압도적인 승리를 거두고 반중 시위가 2020년까지 이어지자, 중국 정부는 2020년 4월부터 중국 당국이 홍콩 치안 및 안보 문제에 직접적으로 개입할 수 있는 국가보안법을 홍콩 정부가 통과시키도록 압박을 가하기 시작했다.

영국은 홍콩의 치안 문제에 간섭하는 중국의 행위에 대해 1997년 홍콩 반환 당시 조건이던 일국양제를 사실상 부정하고 홍콩 반환 협정을 위반하는 것이라며 강력하게 비난하였고, 보리스 존슨 총리는 한 발 더 나아가 2020년 7월 1일 홍콩 내 재외 영국인 여권 소지자 30만 명과 재외 영국인 여권 신청 자격을 가진 260만 명에 대해 영국시민권 취득 자격을 부여하는 절차를 시작하겠다고 발표했다.

이와 함께 11월에는 홍콩 국가보안법을 통과시킨 책임을 묻기 위해, 홍콩 행정장관 캐리 람을 포함한 중국 주요 인사들에 대한 제재를 고려한다는 발표가 나오는 등 홍콩 문제에 관해 영국은 대중 공세 수위를 계속 높이고 있다.

영국에서 주목하는 위구르족 집단 수용소 문제

영국과 중국 간의 관계에 영향을 끼치는 사건은 홍콩 시위만이 아니다. 2018년 중국이 신장위구르자치구 일대에 다수의 집단수용소를 건설하고 위구르족을 감금해 강제로 개종을 시도하면서 중국 국가주의 사상을 주입하고 있음이 밝혀졌다. 영국은 인권을 대외 정책의 주요 아젠다로 삼는 국가이고, 코소보 전쟁 등 인도적 위기에 적극적으로 개입한 역사가 있는 나라인 만큼 중국의 인권 학대 문제에 대해서도 적극적으로 대응하게 되었다.

또한 인권 문제에 대한 심각성을 공유하는 서구권 주요 국가와 함께

이 문제에 대해 공동으로 대응해 왔다. 마침내 2019년 7월, 영국은 22개국의 일원으로 참여하여 유엔인권위원회(UNHCR)에 중국의 위구르족 학대를 비난하고 '재교육 캠프' 폐쇄를 촉구하는 항의 서한을 보냈으며, 2020년 10월 6일에는 미국, 유럽연합 회원국들과 함께 중국의 홍콩과 위구르족 탄압을 규탄하는 공동 성명을 발의하기도 하였다.

홍콩 국가보안법 문제로 양국 대립이 극심하던 2020년 7월 20일에는 위구르족 학대를 이유로 홍콩과의 범죄인 인도 협약을 중단하는 등, 영국은 국제사회에서 적극적으로 중국의 인권 학대 문제에 대해 공세적인 입장을 취하고 있다. 영국 의원 중 일부는 영국 내 위구르족 단체가 대법원에 청원하거나, 중국이 집단학살을 자행하고 있다는 판결을 얻을 경우에는 중국과의 교역을 중단하도록 하는 법안을 논의하는 수준에 이를 정도로 영국 내 중국에 대한 여론은 악화 일로를 걷고 있다.

영국의 대중국 노선 전환과 한국의 과제

홍콩 시위와 위구르족 강제 수용 문제를 계기로 영국이 중국을 부정적으로 인식하게 되었다면, 화웨이의 5G 통신망 참여를 전면 배제하고 2027년까지 모든 화웨이 장비를 철거하기로 한 영국의 결정은 영국의 대중국 정책이 근본적으로 변화하고 있음을 보여 주는 신호탄이기도 하다.

영국이 2020년 1월 자국 5G 통신망 구축에 화웨이 장비를 도입하기로 결정하기 전부터, 미국은 영국의 화웨이 도입 결정이 미영 관계에 심각한 악영향을 초래할 것이라고 강하게 압박하며 이를 저지하고자 하였다.

당시 보리스 존슨 총리는 미국의 압박에도 불구하고 중국과의 경제적 협력관계를 유지하기 위해 이러한 결정을 내렸다. 하지만 중국에 대한 부정적인 여론이 상승하는 가운데 국가사이버안보센터가 5월에 화웨이 장비가 안보에 악영향을 끼칠 수 있다는 결론을 내리면서 7월 화웨이 장비 도입 철회로 선회하게 되었다.

기존의 친중적인 노선에서 선회한 영국이 앞으로 중국에 대해 어느 정도의 강도 높은 대응을 하게 될지는 아직 미지수다. 이미 정보당국인 MI5, MI6는 2020년 4월 코로나19 사태 이후 중국과의 관계를 전면적으로 재검토해야 한다고 건의한 상태이지만, 코로나19 대응과 브렉시트 등 당면한 과제가 시급한 만큼 실제 정책에 반영되기까지는 어느 정도 시간이 걸릴 것이다.

하지만 영국 도미니크 랍 외무부 장관이 6월 2일 "파이브 아이즈(Five Eyes: 영국, 미국, 캐나다, 호주, 뉴질랜드의 첩보 동맹)보다 더 확대된 반중국 동맹이 필요하다"라고 한 발언을 볼 때 영국의 대중국 대응은 자국만의 단독 대응이 아니라 주요 민주주의 선진국을 중심으로 한 집단 견제를 염두에 두고 있는 것으로 보인다.

영국의 구상이 국제사회, 특히 서구권에서 지지를 얻게 된다면 한국 역시 대중국 동맹의 일원으로 참여하라는 요청을 받을 가능성이 있다. 2020년 11월 21일자 영국 주간지 《이코노미스트》는 '미국에게 필요한 중국 전략'이라는 기사를 통해 기존 파이브 아이즈에 유럽연합, 일본, 한국이 추가로 참여하는 반중국 동맹 구상안을 이미 제시하기도 했다. 새로운 행정부가 출범하는 동맹국 미국과 최대 교역국인 중국 사이에서 한국의 균형 외교가 다시 한번 시험대에 오르게 됐다.

윤성혜
2020. 12. 18.

바이든 시대, 중미 통상 갈등의 핵심은 '환경과 노동'
바이든도 '미국 우선', 트럼프와 다른 점은?

2020년 12월 14일 선거인단 투표로 미국 대통령 선거가 드디어 끝이 났다. 새로운 바이든 행정부가 출격을 앞두고 있다. 트럼프 정권 내내 중국과의 통상 마찰이 끊이질 않았던 터라, 정권교체로 통상분야에 어떤 변화가 있을지 귀추가 주목된다. 거시적 관점에서 보면, 중국에 대한 미국의 기조나 정책 방향은 크게 변함이 없을 것으로 전망된다.

하지만 그 방법에서는 확실히 트럼프 정권 때와 차이가 있을 것이다. 중국과의 통상 갈등은 2021년에도 필연적일 것으로 본다. 오히려 동맹관계의 중요성이 높아짐에 따라 한국에 대한 미국의 통상 압박은 지금보다 개선될 가능성이 크다. 그런데도 한국의 최대 교역 상대국인 미국과 중국의 통상 갈등이나 보호주의 경향은 2021년에도 계속될 것으로 전망되기에 이에 대한 대비가 필요하다.

미국의 보호주의 기조는 바뀌지 않을 것

사실 미국의 무역보호주의는 그 역사가 매우 길다. 미국은 자유무역의 선봉자였지만, 동시에 철저한 보호무역주의자이기도 하다. 4년 전 트럼프 대통령의 'America First'는 숨겨 두었던 보호주의적 성향을 드러내어 특정 단어로 정형화했다는 것이 충격이었다. 한번 드러낸 속내는 굳이 다시 숨길 필요가 없다는 듯 바이든 정부에서도 'Buy American'을 내세우며 자국 산업 보호에 열을 올릴 것으로 보인다.

미국이 그간 보호주의 성향을 숨기고 자유무역을 외쳤던 것은 자국 주도로 설립한 WTO라는 국제무역질서 때문이었다고 해도 과언이 아니다. WTO 체제하에서는 경쟁 우위를 가진 자국 산업이 '국제무역질서'라는 보호막 아래에서 잘 성장할 수 있었기 때문이다. 다시 말해, 굳이 정부가 나서서 표나게 보호할 필요가 없었던 것이다.

그런데 중국이 미국의 턱밑까지 추격해 온 상황에서 WTO가 더는 그 역할을 다하지 못하게 되자, 미국은 과감하게 이를 포기한 듯하다. 따라서 바이든 정부가 들어서더라도 국제통상에서 WTO의 규범적 역할이 정상화하기를 기대하기는 어려울 것이다.

이런 상황에서 미국은 자국을 중심으로 하는 새로운 통상 규범이 만들어지기 전까지 자국 통상법의 공격적 이행을 통해서 보호주의를 실현할 가능성이 매우 높다. 실제로 조 바이든 당선인은 후보 시절 공약에 대한 인터뷰에서, 미국 노동자와 산업을 위협하는 외국에 대해서 "지속적이고 공격적으로" 미국통상법을 실시할 것이라고 밝힌 바 있다.

중미 간 무역 마찰 불가피

동시에 중국의 불공정 무역에 대한 칼날은 더 매서워질 것으로 전망된다. 특히, 바이든 정부는 중미 간 무역 협상에서 산업의 과잉 생산, 사이버 절도, 국영기업 등의 핵심 문제를 다루지 않은 것을 비판했다. 따라서 바이든 정부는 소리만 요란하게 내는 것이 아닌 진짜 핵심사안을 가지고 중국에 맞설 것이라 예고했다.

또 국제규범을 위반하는 중국의 불공정 행위에 대해서도 엄격하게 대응하겠다고 밝힌 바 있다. 통상 정책의 방향성만 놓고 본다면 자국 산업 보호와 중국 견제에 중심을 둘 것으로 예상되는 바 이전 정권과 크게 다르지 않다. 다만 '어떻게'라는 방법론에서는 확연한 차이를 보일 것으로 본다.

사실 트럼프 정부에서 중국을 상대로 부과한 관세 폭탄의 경우, 표면적으로는 여론몰이에 효과가 있었는지는 몰라도, 실제로 상대에게 효과적인 타격을 주지는 못한 것으로 판단된다. 진정 경제적 타격을 목적으로 했는지도 의문이지만, 실제로 중국의 아킬레스건을 잘라버릴 정도는 아니었던 것 같다. 오히려 미국의 어설픈 압박으로 중국의 산업 및 제도 혁신이 더욱더 가속하고 있다.

또한 자국법에 의한 일방주의적 관세 보복 조치는 다른 국가들로부터 그 정당성을 인정받는 데 실패했다. 바이든 정부는 중국에게 아킬레스건이 될 듯하다. 이에 바이든 정부 역시 국제사회로부터 지지를 얻을 수 있는 '환경'과 '노동' 문제를 통상과 연계하여 중국을 압박할 것이다.

높은 환경과 노동 기준으로 중국 압박할 것

이를 위해 바이든 행정부는 우선 트럼프 정권 때 탈퇴한 파리기후변화협약에 재가입할 것으로 보인다. 이는 대중국 통상제재를 위한 법률적 근거가 될 것이다. 중국은 세계 최대 이산화탄소 배출 국가로, 현재 배출되는 이산화탄소의 양이 미국과 EU를 합친 것보다 많다. 중국 정부가 아무리 노력해도 단시간에 해결할 수 있는 문제가 아니다. 더욱이 바이든 행정부는 이산화탄소 감축 불이행에 대한 '탄소국경세' 부과를 예고하고 있다. 이에 중국과 환경 관련 통상 갈등이 불가피해진 것이다.

다만, 미국의 탄소국경세 부과는 상대 국가가 환경규범을 이행하는 여부에 따른 것이다. 이에 대한 정당성을 확보하려면 미국 자신도 환경 의무를 이행해야 할 다른 차원의 문제가 발생한다. 중국이 세계 최대 이산화탄소 배출국이지만, 미국도 이러한 오명에서 완전히 벗어날 수 없는 상황이고, 환경 의무 이행을 위해서는 미국도 뼈를 깎는 산업 구조조정이 필요하기 때문이다. 표심을 의식할 수밖에 없는 미국 정치에서 과연 효과적으로 구조조정을 단행하고, 2025년까지 환경 의무를 이행할 전략을 마련할 수 있을지 지켜볼 일이다.

한편, 노동규범을 통한 통상 압박도 중국이 극복하기 쉬운 문제는 아니다. 바이든 정부는 최저임금 인상, 노동자 권익 보호 강화 등을 노동 정책의 핵심으로 내세우고 있다. 이와 연계하여 수입품에 대해서 더욱 엄격한 노동 기준을 적용할 것으로 전망된다.

실제 중국에서는 지난 2020년 5월에 개최된 제13기 전국인민대표대회(全国人民代表大会) 폐막식에서 리커창(李克强) 총리의 "인구 절반인 6억 명이 월 1,000위안(약 17만 2,000원) 밖에 못 번다"라는 발언이 큰 반향을 일으킨 바 있다.

이는 마치 바이든 정부가 중국의 근로 환경을 무기로 삼을 것을 알기라도 한듯, 2020년 초부터 노동환경 개선에 대한 지도부의 인식을 환기한 것인지도 모른다. 그런데도 중국의 노동환경 개선에는 많은 숙제가 남아 있는 상황이다. 미국이 가장 공격하기 쉬운 최저임금만 봐도 그렇다.

중국은 지역별로 최저임금 수준이 다르다. 중국 제조업의 메카라 할 수 있는 광둥성(广东省)을 예로 들어보자. 중국 여타 지역에 비해 최저 시급이 높은 편인데도 2018년 기준 약 3,398원(20.3위안)으로 OECD 평균 6,649원(6.2달러)의 절반 수준이다. 더욱이 미국의 연방최저 시급 8,740원(7.25달러)에 비하면 턱없이 못 미치는 수준이다. 이외에도 노동 시간, 노동 연령 등 노동과 연계하여 미국이 중국에 갖다 댈 잣대는 한두 가지가 아니다.

바이든 정부의 새로운 공격 전략으로 중국은 미국을 상대하기 더 어려워질 수 있다. 미국의 공격에 더해 동맹을 중시하는 바이든 정부가 동맹국과 함께 중국을 압박한다면, 국제사회에서 중국의 고립은 더 심해질 가능성이 있다. 한편, 미국의 전략 변경에 한국은 오히려 중미 통상 마찰의 퇴로를 확보할 수 있게 되었다. 이 시기를 활용하여 경쟁우위 산업의 경쟁력 확보를 위해 만전을 기해야 할 필요도 있어 보인다.

원광대학교 한중관계브리핑 09

미중 갈등과 팬데믹 시대
새로운 한중관계를 찾아서

초 판 인 쇄 2021년 2월 16일
초 판 발 행 2021년 2월 26일

엮 은 이 원광대학교 한중관계연구원·동북아시아인문사회연구소
감   수 김정현, 유지아, 임진희
교   정 손유나
주   소 전라북도 익산시 익산대로 460 원광대학교 서예관 3층
전   화 063)850-7120
홈 페 이 지 http://kcri.wku.ac.kr/
이 메 일 y-kcri@wku.ac.kr
등 록 일 자 2010년 12월 23일; 403-82-00258

편집·제작·공급 경인문화사(031-955-9300)

정 가 18,000원
ISBN 978-89-499-4959-8 93300